दिमागी गुलामी

राहुल सांकृत्यायन

डायमंड बुक्स

प्रकाशक : **डायमंड पॉकेट बुक्स (प्रा.) लि.**
X-30 ओखला इंडस्ट्रियल एरिया, फेज-II
नई दिल्ली-110020
फोन : 011-40712200
ई-मेल : sales@dpb.in
वेबसाइट : www.diamondbook.in

संस्करण : 2024

Dimagi Gulami

By : Rahul Sankrityayan

प्रकाशकीय

हर युग में लेखक समाज को आइना दिखाने का कार्य करता है ऐसे ही लेखक थे राहुल सांकृत्यायन जिनका साहित्य क्रांति की मसाल के समान है इनका साहित्य समकालीन की जरुरत है जहाँ दुनिया इतर-बितर है वही इनका साहित्य दुनिया को बचाए रखने का काम करता है मानव व्यवहार के साथ जीवन दर्शन से सराबोर होती हैं इनकी पुस्तकें। राहुल जी घुमक्कड़ी प्रवत्ति के थे उन्होंने बहुत सी जगह घूमी जिसका असर इनके साहित्य में भी देखा जा सकता है उसी का नतीजा यह एक किताब घुमक्कड़ शास्त्र जो घुमक्कड़ी पर ही आधारित है इसके अलावा भी उन्होंने कई पुस्तकें यात्रा और भ्रमण पर लिखी हैं। महापंडित कहे जाने वाले राहुल सांकृत्यायन वास्तव में यायावर थे, लेकिन वैसे यायावर नहीं जो सारी सुविधाओं के साथ घूमने जाते हैं। वे लिखते हैं कि "बढ़िया से बढ़िया होटलों में ठहरने, बढ़िया से बढ़िया विमानों पर सैर करने वालों को घुमक्कड़ कहना इस महान शब्द के प्रति भारी अन्याय करना है।"

राहुल जी ने उर्दू के पाठ्य-पुस्तक में एक शेर पढ़ा था-:

सैर कर दुनिया की गाफिल जिन्दगानी फिर कहाँ
अगर जिन्दगानी रही तो यह नौजवानी फिर कहाँ

इसी शेर को उन्होंने अपने जीवन का मूलमंत्र बना लिया और जीवन भर भ्रमण करते रहे। राहुल सांकृत्यायन ने कोलकाता, काशी, दार्जिलिंग, तिब्बत, नेपाल, चीन, श्रीलंका, सोवियत संघ समेत कई देशों का भ्रमण किया। वे एक साधारण घुमक्कड़ नहीं थे जो किसी देश में जाकर वहां के भूगोल मात्र से प्रभावित हो ले। वह खच्चर पर किताबें लादकर तिब्बत से भारत ले आए थे। वे जहां जाते, वहां की संस्कृति को भी आत्मसात् करते। 30 भाषाएं जानते थे और 140 किताबों के लेखक थे। अद्भुत तर्कशास्त्री थे, समाजशास्त्र, दर्शन, इतिहास, अध्यात्म जैसे विषयों के ज्ञाता थे। संभवत: यह सभी उनके घुमक्कड़

स्वभाव के कारण ही उन्हें मिला। अपने आप में घुमक्कड़ होना या मात्र साहित्यकार होना एक व्यक्ति को अन्य से अलग करता है तिस पर राहुल दोनों थे तो उन्हें महापंडित कह देना कोई अतिशयोक्ति तो नहीं है। लेखक का यह प्रयास सभ्य समाज की अलख जगाने का कार्य करेगी। आशा करते हैं कि इस कृति को भी पाठकों का प्यार मिलेगा।

नरेन्द्र कुमार वर्मा
nk@pdb.in

विषय-सूची

१

दिमागी गुलामी

जिस जाति की सभ्यता जितनी पुरानी होती है, उसकी मानसिक दासता के बन्धन भी उतने ही अधिक होते हैं। भारत की सभ्यता पुरानी है, इसमें तो शक ही नहीं और इसलिए इसके आगे बढ़ने के रास्ते में रुकावटें भी अधिक हैं। मानसिक दासता प्रगति में सबसे अधिक बाधक होती है।

हमारे कष्ट, हमारी आर्थिक, सामाजिक, राजनीतिक समस्याएँ इतनी अधिक और इतनी जटिल हैं कि हम तब तक उनका कोई हल सोच नहीं सकते जब तक कि हम साफ-साफ और स्वतंत्रतापूर्वक इन पर सोचने का प्रयत्न न करें। वर्तमान शताब्दी के आरम्भ में भारत में राष्ट्रीयता की बाढ़ सी आ गई, कम से कम तरुण शिक्षितों में। यह राष्ट्रीयता बहुत अंशों में श्लाघ्य रहने पर भी कितने ही अंशों में अंधी राष्ट्रीयता थी।

झूठ-सच जिस तरीके से भी हो, अपने देश के इतिहास को सबसे अधिक निर्दोष और गौरवशाली सिद्ध करने अर्थात् अपने ऋषि-मुनियों, लेखकों और विचारकों, राजाओं और राज संस्थाओं में बीसवीं शताब्दी की बड़ी से बड़ी राजनैतिक महत्व की चीजों को देखना हमारी इस राष्ट्रीयता का एक अंग था। अपने भारत को प्राचीन भारत और उसके निवासियों को हमेशा से दुनिया के सभी राष्ट्रों से ऊपर साबित करने की दुर्भावना से प्रेरित हो हम जो कुछ भी अनाप-शनाप ऐतिहासिक खोज के नाम पर लिखें, उसको यदि पाश्चात्य विद्वान् न मानें तो झट से फतवा पास कर देना कि सभी पश्चिमी ऐतिहासिक अंग्रेजी और फ्रांसीसी, जर्मन और इटालियन, अमेरिकन और रूसी, डच और जेकोस्लाव सभी बेईमान हैं, सभी षड्यन्त्र करके हमारे देश के इतिहास के बारे में झूठी झूठी बातें लिखते हैं। वे हमारे पूजनीय वेद को साढ़े तीन और चार हजार वर्षों से अधिक पुराना नहीं होने देते (हालाँकि वे ठीक एक अरब बानवे वर्ष पहले बने थे)। इन भलेमानसों के खयाल में आता है कि अगर किसी तरह से हम अपनी सभ्यता, अपनी पुस्तकों और अपने ऋषि-मुनियों को दुनिया में सबसे पुराना साबित कर दें, तो हमारा काम बन गया।

शायद दुनिया हमारे अधिकारों की प्राचीनता को देखकर बिना झगड़ा झंझट के ही हमें आजाद हो जाने दे, अन्यथा हमारे तरुण अपनी नसों में उस प्राचीन सभ्यता के निर्माताओं का रक्त होने के अभिमान में मतवाले हो जायँ और फिर अपने राष्ट्र की उन्नति के लिए बड़ी से बड़ी कुर्बानी भी उनके बायें हाथ का खेल बन जाय, और तब हमारे देश को आजाद हो जाने

में कितने दिन लगेंगे? आज हमारे हाथ में चाहे आग्नेय अस्त्र न हों, नई-नई तोपें और मशीन गन न हों, समुन्दर के नीचे और हवा के ऊपर से प्रलय का तूफान मचाने वाली पनडुब्बियाँ और जहाज न हों, लेकिन यदि हम राजा भोज के काठ के उड़ने वाले घोड़े और शुक्रनीति में बारूद साबित कर दें तो हमारी पाँचों अंगुलियाँ घी में। इस बेवकूफी का भी कहीं ठिकाना है कि बाप-दादों के झूठ-मूठ के ऐश्वर्य से हम फूले न समायें और हमारा आधा जोश उसी की प्रशंसा में खर्च हो जाय।

अपने प्राचीन काल के गर्व के कारण हम अपने भूत के स्नेह में कड़ाई के साथ बँध जाते हैं और इससे हमें उत्तेजना मिलती है कि अपने पूर्वजों की धार्मिक बातों को आँख मूँद कर मानने के लिए तैयार हो जायँ। बारूद और उड़नखटोला में तो झूठ-साँच पकड़ने की गुंजाइश है, लेकिन धार्मिक क्षेत्र में तो अंधेरे में काली बिल्ली देखने के लिए हरेक आदमी स्वतन्त्र है। न यहाँ सोलहों आना बत्तीसों रत्ती ठीक-ठीक तौलने के लिए कोई तुला है और न झूठ-साँच की कोई पक्की कसौटी। एक चलता-पुर्जा बदमाश है। उसने अपने कौशल, रुपये-पैसे और धोखे-धड़ी और तरह-तरह के प्रलोभन से कुछ स्वार्थियों या आँख के अंधे गाँठ के पूरों को मिलाकर एक नकटा पंथ कायम कर दिया और फिर लगी हजारों छोटी-मोटी, शिक्षित और मूर्ख, काली और सफेद भेड़ें हा-हा कर नाक कटाने। जिन्दगी भर वह बदमाश मौज करता रहा। मरने के बाद उसके अनुयायियों ने उसे और ऊंचा बढ़ाना शुरू किया। अगर उस जमात को कुछ शताब्दियों तक अपने इस प्रचार में कामयाबी मिली तो फिर वह धूर्त दुनिया का महान् पुरुष और पवित्र आत्मा प्रसिद्ध हो गया।

पुराने वक्त की बातों को छोड़ दीजिये। मैंने अपनी आँखों से ऐसे कुछ आदमियों को देखा है जिनमें कुछ मर गये हैं और कुछ अभी तक जिन्दा हैं। उनका भीतरी जीवन कितना घृणित, स्वार्थपूर्ण और असंयत था। लेकिन बाहर भक्त लोग उनके दर्शन, सुमधुर आलाप से अपने को अहोभाग्य समझने लगते थे। नजदीक से देखिये ये धार्मिक महात्माओं के मठ और आश्रम ढोंग के प्रचार के लिए खुली पाठशालाएँ हैं और धर्म प्रचार क्या, पूरे सौ सैकड़े नफे का रोजगार है। अधिकांश लोग इसमें अपने व्यवसाय के खयाल से जुटे हुए हैं। अयोध्या में एक महात्मा थे। उनसे रामजी इतने प्रसन्न हुए कि उन्होंने स्वयं बैकुण्ठ से आकर उनका पाणिग्रहण किया। हाँ, पाणिग्रहण किया! पुरुष थे पहले, पीछे तो भगवान की कृपा से वह उनकी प्रियतमा के रूप में परिवर्तित कर दिये गये। रामजी के लिए क्या मुश्किल है। जब पत्थर मनुष्य के रूप में बदल सकता है तो पुरुष को स्त्री के रूप में बदल देना कौन-सी बड़ी बात? ऐसा-ऐसा परिवर्तन तो आजकल भी अनायास कितनी बार देखा गया है।

एक नयां मत इधर ५०-६० वर्ष से चला है। वह दुनिया भर की सारी बेवकूफियों, भूत-प्रेत, जादू-मंत्र सबको विज्ञान से सिद्ध करने के लिए तुला हुआ है। बेवकूफ हिन्दुस्तानी समझते हैं कि ऑक्सफोर्ड और कैम्ब्रिज से गदहे नहीं निकलते और सभी जैक और जान्सन साइन्स

छोड़कर दूसरी बात ही नहीं करते। इन अधकचरे पंडितों ने अपने अधूरे ज्ञान के आधार पर भूत-प्रेत, देवी-देवता, साधु-पूजा सबको तीस बरस पहले निकले वैज्ञानिक 'सिद्धान्तों' से सिद्ध करना शुरू किया।

हालाँकि उन सिद्धान्तों में अब ७५ फीसदी गलत साबित हो गये हैं, लेकिन अभी अन्धे भक्तों के लिए उस पुराने विज्ञान के पुट से तैयार किए हुए ग्रंथ ब्रह्मवाक्य बन रहे हैं। हिन्दुस्तान का इतिहास बहुत लम्बा-चौड़ा है ही—काल और देश दोनों के खयाल से। हमारी बेवकूफियों की लिस्ट भी उसी तरह बहुत लम्बी-चौड़ी है। अंधी राष्ट्रीयता और उसके पैगम्बरों ने हममें अपने भूत के प्रति अत्यन्त भक्ति पैदा कर दी है और फिर हमारी उन सभी मूर्खताओं के पोषण के लिए सड़ी-गली विज्ञान की थ्योरियाँ और दिवालिये श्वेतांग तैयार ही हैं। फिर क्यों न हम अपनी अक्ल बेच खाने के लिए तैयार हो जायँ? जिनके यहाँ वायुयान ही नहीं, काठ के घोड़े भी आकाश में उड़ते हों, जिनके यहाँ बारूद और आग्नेयास्त्र ही नहीं, मुख से निकली हुई ज्वाला में करोड़ों शत्रु एक क्षण में जलकर राख हो जाते हों, जिनकी सूक्ष्म दार्शनिक विवेचनाओं और आत्मवञ्चनाओं को सुनकर आज भी दुनिया दंग हो जाय, वह भला किसी बात को झूठा लिख सकता है? तिपाई पर भूत बुलाना, मेस्मेरिज्म, हेप्नाटिज्म आदि के द्वारा पहले वैज्ञानिक ढंग से हमें अपनी विस्तृत होती जाती बेवकूफियों के पास ले जाया गया और अब तो विज्ञान पारितोषिक विजेता लोग सरे मैदान हरसूराम और हरिराम ब्रह्म की विभूति बाँट रहे हैं। आखिर जब नोबल पुरस्कार विजेता आलिवर आज भूतो-प्रेतों पर पुस्तकें लिख रहा है और कसम खा-खा कर लोगों में उनका प्रचार कर रहा है तो हमारे इन स्वदेशी भाइयों का कसूर ही क्या?

अभी तक शिक्षित लोग फलित ज्योतिष को झूठ समझते थे, लेकिन अब उसके भी काफी अधिक हिमायती हो चले हैं। वह इसे पक्का विज्ञान मानते हैं। ज्योतिषियों की भविष्यवाणी को छापने के लिए हमारे अखबार एक-दूसरे से होड़ लगा रहे हैं। २७ अगस्त की 'सर्चलाइट' एक ज्योतिषी महाराज की मौसम संबंधी भविष्यवाणी को एक प्रधान पृष्ठ पर स्थान देती है। फिर पूना में लाखों रुपये खर्च करके इसके लिए यन्त्र और विशेषज्ञ रखने की क्या जरूरत हैं? स्वदेशी का जमाना है, कांग्रेस का मन्त्रि मण्डल भी हो गया है। ज्योतिषियों को चाहिए कि एक बड़ा-सा डेपुटेशन लेकर मुख्य-मन्त्रियों से मिलें। उनको विश्वास रखना चाहिये कि कांग्रेस के छह प्रान्तों में ऐसे मन्त्री बहुत कम ही होंगे जिनका ज्योतिष में विश्वास न होगा। ज्योतिषी लोग देश-सेवा के खयाल से अपना वेतन कम करने को तैयार होंगे ही, फिर क्या जरूरत है कि स्वदेशी साधन के रहते ऋतु-भविष्य कथन के यंत्र, भूकम्प के सिस्मोग्राफ आदि का बखेड़ा और उस पर हजार-हजार, पन्द्रह-पन्द्रह सौ रुपये महीना लेने वाले विशेषज्ञों को रखा जाय? ज्योतिषी लोग अपने काम को बड़ी सफलता के साथ कर सकते हैं। उन्हें न यंत्रों की आवश्यकता है और न बाहर से सूचनाओं के मँगाने की। एक स्थान पर बैठे-बैठे ही

वह सभी बातें बतला दिया करेंगे। फिर तारीफ यह कि एक ही आदमी अतिवृष्टि और अनावृष्टि को भी बतला देगा और भूकम्प को भी। स्वराज्य की किश्त आने-जाने में अगर कुछ देर होगी तो उसे भी नेताओं की जन्म-पत्री देखकर बतला देगा। अभी इसी साल एक महाराज बादशाह की गद्दी देखने विलायत जाना चाहते थे। दुष्ट ग्रहों की उन्हें बड़ी फिक्र थी और उनसे भी अधिक फिक्र थी उनकी माँ की। एक ज्योतिषी जी ने आकर मेष-मिथुन गिनकर महाराज को भी सन्तुष्ट कर दिया कि कोई ग्रह खिलाफ नहीं है और माँ को भी खम ठोककर कह दिया कि महाराज को कोई अनिष्ट नहीं है, मैं जिम्मेवारी लेता हूँ। सब लोग प्रसन्न हो गये। ज्योतिषी जी को ५,०००) मिले। भला इतना सस्ता जिन्दगी का बीमा कहीं हो सकता है? ऐसा होने पर एक और फायदा होगा। हरेक प्रांतीय सरकार में एक सरकारी ज्योतिषी और १०-५ सहायक ज्योतिषी होने पर मंत्रियों और पदाधिकारियों को भी ज्योतिषियों के पीछे गली-गली की खाक न छाननी पड़ेगी। अपनी बीवी और छोटे-मोटे बबुआ-बबुनी सबका वर्ष-फल साल का साल पहुंचता रहेगा। स्वदेशी व्यवसाय को जरूर आपको प्रोत्साहन देना चाहिये और इससे बढ़कर शुद्ध स्वदेशी व्यवसाय और क्या हो सकता है जिसके दिल, दिमाग, शरीर और परिश्रम सभी चीजें सोलहों आने स्वदेशी हैं।

हम लोगों के मिथ्या विश्वास क्या एक-दो हैं कि जिन्हें एक छोटे से लेख में लिखा जा सके? हमारे यहाँ तो इसके मिसिल के मिसिल और फाइल की फाइल तैयार है। और तारीफ यह है कि इन बेवकूफियों के भारी-भरकम बोझ को सिर पर लादे हुए हमारे नेता लोग समुन्दर पार कर जाना चाहते हैं उन्हें पूरा विश्वास है कि बैकुण्ठ के भगवान, आकाश के नवग्रह और पृथ्वी के ज्योतिषी और ओझा-सयाने उनकी यात्रा में जरूर कुछ हाथ बटायेंगे।

हमारी जाति-पाँति की व्यवस्था को ही ले लीजिए। वह हमारे ऋषि-मुनियों के उन बड़े आविष्कारों में है जिन पर हमें बड़ा अभिमान है राष्ट्रीय भावनाओं की जागृति के साथ-साथ यद्यपि कुछ इने-गिने लोग जाति-पाँति के खिलाफ बोलने लगे, लेकिन अब भी हमारे उच्चकोटि के नेताओं का अधिकांश भाग अपने ऋषियों की इस अद्भुत विशेषता की कद्र करने को तैयार हैं। नेताओं ने देख लिया कि यह जाति-पाँति, आपस के फूट, भेद-भाव के बढ़ाने का एक सबसे बड़ा कारण बन रहा है। कुछ साल पहले तो भीतर-भीतर जातीय संगठन भी इन्होंने कर रखा था और अब भी बहुतों को उसे छोड़ने में मोह लगता है। मैं अन्य नेताओं की बात नहीं कहता। मैं खास कांग्रेस के नेताओं की बात कहता हूँ। उन बेचारों को इसी कोशिश में मरना पड़ रहा है कि कैसे राष्ट्रीयता और जाति-पाँति दोनों साथ दाहिने-बायें कन्धे पर वहन किये जा सकते हैं। उनमें से कुछ ने तो जरूर समझ लिया होगा कि यह असंभव है। शुद्ध राष्ट्रीयता तब तक आ ही नहीं सकती जब तक आप जाति-पाँति तोड़ने पर तैयार न हों। अगर आप जाति-पाँति तोड़े हुए नहीं हैं, तो आपका वास्तविक संसार आपकी जाति के भीतर है। बाहर वालों के साथ तो सिर्फ कामचलाऊ समझौता है। जब आप किसी पद पर पहुँचेंगे तो

ईमानदारी रहने पर आपकी राय को प्रभावित करने में सफलता सबसे अधिक आपके जाति-भाइयों की होगी। नौकरी-चाकरी दिलाने, कमेटी, सब-कमेटी में भेजने और सिफारिशी चिट्ठी लिखने में मजबूरन आपको अपनी जाति का खयाल करना होगा। आदमी के दिल में हजारों कोठरियाँ जरूर हैं, लेकिन वहाँ ऐसी फर्क-फर्क कोठरियाँ नहीं हैं जिनमें एक में जाति-पाँति का भाव पड़ा रहे और दूसरे में उससे अछूती राष्ट्रीयता बनी रहे। जैसे किसानों के आंदोलन में आने वाले समझदार आदमियों को पहले ही से तैयार होकर आना चाहिये कि उन्हें साम्यवाद में पैर रखना है, वैसे ही राष्ट्रीयता के पथ पर पैर रखने वालों को भी समझना चाहिये कि उन्हें जाति-पाँति की दीवारों को तोड़ गिराना होगा। यदि कोई आदमी राष्ट्रीय नेता रहना चाहता है और साथ ही अपने जाति-भाइयों की घनिष्ठता को कायम रखना चाहता है तो या तो वह ईमानदार नहीं रहेगा या उसे असफल होकर रहना पड़ेगा। अपनी जाति के साथ घनिष्ठता रखकर कैसे दूसरी जाति का विश्वासपात्र कोई हो सकता है? मन्त्रियों को तो खास तौर से सावधान रहना पड़ेगा। क्योंकि जाति-भाइयों की घनिष्ठता उन्हें आसानी से बदनाम कर सकती है। मेरी समझ में प्रान्त के लिए, राष्ट्र के लिए, कांग्रेस के लिए और व्यक्तिगत तौर से नेताओं के लिए अच्छा यही है कि हरेक प्रधान नेता तुरन्त से तुरन्त अपने लड़के-लड़कियों, भतीजे-भतीजियों अथवा भांजा-भांजियों या नाती-नतिनियों में से कम-से-कम एक की शादी जाति-पाँति तोड़कर दिखला दे, जैसा कि महात्मा गांधी जी तथा राजगोपालाचारी ने करके दिखाया।

आँख मूँदकर हमें समय की प्रतीक्षा नहीं करनी चाहिये। हमें अपनी मानसिक दासता की बेड़ी की एक-एक कड़ी को बेदर्दी के साथ तोड़कर फेंकने के लिए तैयार होना चाहिये। बाहरी क्रान्ति से कहीं ज्यादा जरूरत मानसिक क्रान्ति की है। हमें दाहिने-बायें, आगे-पीछे दोनों हाथ नंगी तलवार नचाते हुए अपनी सभी रूढ़ियों को काटकर आगे बढ़ना चाहिये। क्रान्ति प्रचण्ड आग है, वह गाँव के एक झोपड़े को जलाकर चली नहीं जायगी। वह उसके कच्चे- पक्के सभी घरों को जलाकर खाक कर देगी और हमें नये सिरे से नये महल बनाने के लिए नींव डालनी पड़ेगी।

***

२

गांधीवाद

पिछले सोलह वर्षों से भारत में गांधीवाद की बड़ी धूम है और प्रान्तों में अधिकांश लोग गांधीवाद के बहुत कम अंशों से सहमत हैं, लेकिन बिहार में गांधीवाद का एकमात्र साम्राज्य समझा जाता है। बिहार पहले से भी बंगाल के अधीन रहने के कारण सब बातों में परमुखापेक्षी रहा है, नौकरी-चाकरी, वकील-बैरिस्टर, प्रोफेसर और अध्यापक सभी जगह पर उनकी संख्या और प्रभाव नगण्य-सा रहा है। वैसे तो मातृभाषा हिन्दी युक्त प्रान्त जैसे दूसरे प्रान्तों में भी दासी के ही तौर पर कचहरियों और सरकारी दफ्तरों में रखी गई थी, लेकिन बिहार में तो उसकी दशा और भी दयनीय रही। जहाँ और हिन्दी भाषा-भाषी प्रान्तों में सरकार से न सही, प्राइवेट संस्थाओं और व्यक्तियों द्वारा हिन्दी के हक की पूरी हिमायत की गई, वहाँ बिहार में उसकी तरफ बहुत कम खयाल रखा गया। यूनिवर्सिटी के ग्रेजुएट जो कलकत्ता विश्वविद्यालय के होते थे, अव्वल तो उनमें साहित्यिक रुचि होने नहीं पाती थी और यदि किसी को हुई तो उसे बँगला साहित्य के बारे में जानने के लिए अधिक सुविधा थी। बिहार के जमींदार तो सबसे निकम्मे, असंस्कृत और संसार की प्रगति से अनभिज्ञ रहते आये हैं। उनसे इस क्षेत्र में कोई आशा करना दुराशा मात्र था। ये ही कारण हैं जिन्होंने बिहारियों को लजालू, संकोची और सार्वजनिक स्थानों में बोलने-चालने तथा अपने को आगे लाने में भीरु बना दिया। किसी भी उन्नतिशील जाति के लिए जिन गुणों की आवश्यकता है, उनकी बिहारियों में कमी नहीं है।

यदि आप बिहार में १९२१ में असहयोग करके आये हुए छोटे-बड़े कार्यकर्ताओं की ओर दृष्टि डालें और उनकी तुलना दूसरे प्रान्तों से करें तो मालूम होगा कि बिहारी असहयोगियों ने जिस आदर्श के लिए अपनी वैयक्तिक उच्चाकांक्षाओं का त्याग किया, वे उस आदर्श पर बहुत अधिक संख्या में कायम रहे। यह बहुत आसानी से समझा जा सकता है कि अपने आदर्श के लिए त्याग करने में बिहारियों में स्थिरता इतनी रही है जितनी शायद ही भारत के किसी प्रान्त में रही हो। त्याग की स्थिरता के साथ बिहारियों में एक और सबसे अच्छा गुण रहा है कि नेता बनने के लिए यहाँ उतने झगड़े नहीं हुए। इस प्रकार वैयक्तिक उच्चाकांक्षा की कमी भी उनके अच्छे गुणों में है। मतभेद रखते हुए भी बिहारी राष्ट्रकर्मी अनुशासन को बराबर मानते आये हैं। बिहार के साम्यवादी भी जो बहुत-सी बातों में क्या, प्राय: ही मौलिक बातों में

राजेन्द्र बाबू से मतभेद रखते हैं, लेकिन तब भी वे उनका बड़ा सम्मान करते हैं और बहुत हद तक आज्ञा के अनुसार चलने के लिए तैयार रहते हैं।

राजेन्द्र बाबू के बारे में भी यह कहना पड़ेगा कि वे अपने से मतभेद रखने वालों की बातें भी बराबर ध्यान से सुनने और जहाँ तक हो सके, मतभेद को मिटाने की कोशिश करते हैं। यदि किसी बात में दोनों की राय में फर्क हो तो भी उसमें कड़वाहट आने नहीं देना चाहते। स्थिर त्याग, वैयक्तिक महत्वाकांक्षा पर संयम और बड़ों का अनुशासन, ये तीनों बातें किसी भी जाति की सफलता के लिए अत्यन्त आवश्यक हैं और ये तीनों बहुत प्रचुर परिमाण में बिहारियों में मौजूद हैं।

इतिहास को देखने से मालूम होगा कि बिहार कोने में छिपी रहने वाली चीज न था। हिन्दूकश से आसाम और हिमालय से कन्याकुमारी तक विस्तृत एक राष्ट्र का बनाना और उसको शताब्दियों तक सफलतापूर्वक चलाना बिहारियों का ही काम था। वस्तुतः यदि देखा जाय तो मालूम होगा कि पाटलिपुत्र (पटना) जब से राष्ट्रकेन्द्र नहीं रहा, तबसे सारा भारत फिर एक राष्ट्रीय सूत्र में बँध न सका।

ऐसे काम के लिए बिहार अगुवा बना था, फिर वह लजालू, संकोची और सभा-समाज में भीरु जैसी सूरत बनाकर रह ही कैसे सकता था। मैं मानता हूँ कि ये बातें इसके दोष हैं और ये उसकी प्रकृति से सम्बद्ध नहीं हैं, इसका साक्षी तो इतिहास है। हाँ, पिछली डेढ़ शताब्दियों में कुछ ऐसी परिस्थितियाँ उत्पन्न हुईं जिनसे बिहारियों में ये बातें आ गईं। अब हमें उन्हें हटाने की कोशिश करनी चाहिये।

शायद ये दोष, आसानी से रह भी जाते, किन्तु गांधीवाद ने अपने प्रभाव से इसे और पक्का करना चाहा। मुँह सूखा, आँखें मुर्झाईं, सिर नीचे झुका, छाती पैर की ओर दबी, यही तो गांधीवाद का आकार लोगों के सामने आता है। और उसने अपने भक्त बिहारियों पर यदि यह छाप छोड़नी चाही तो इसमें आश्चर्य ही क्या।

गांधीवाद ने भारतीय इतिहास में सबसे उल्लेखनीय महत्व की जो बात की, वह है साधारण जनता तक क्रान्ति के सन्देश को पहुंचाना और उसके लिए स्वार्थ-त्याग का भाव पैदा करना। यह मामूली बात नहीं है और इसके लिए इतिहास हमेशा गांधी जी का नाम आदर और अभिमान के साथ लेगा। लेकिन उसके साथ ही उसने राष्ट्र का सबसे बड़ा अपकार भी किया है और वह है, हमारी पुरानी बेवकूफियों के प्रति गाढ़ी श्रद्धा पैदा कर देना। यह मानता हूँ कि इतिहास में पहली ही बात स्थायी होकर रहेगी। दूसरी बात को शायद एक शताब्दी के भीतर ही लोग भूल जायेंगे, लेकिन इस वक्त और अभी दस-बीस वर्ष तक हमारे राष्ट्र को इसका फल भोगना पड़ेगा।

सबसे बड़ी बेवकूफी जिसे गांधीवाद ने सहारा और उत्तेजना दी है, वह धर्म की कट्टरता है। लोग कहेंगे कि गांधी जी ने अछूतोद्धार-जैसे आन्दोलन उठाकर धर्म के विचारों में भी तो

क्रान्ति पैदा की है। अछूतोद्धार तो मालवीय जी भी अपने ढंग से करना चाहते हैं और साथ में हिन्दू यूनिवर्सिटी में बीस लाख रुपया लगाकर एक नया विश्वनाथ तैयार करना चाहते हैं। क्या यह बीसवीं शताब्दी के सबसे बड़े हिन्दू नेता की सबसे बड़ी बेवकूफी नहीं है? गांधी जी के अछूतोद्धार का महत्व बहुत घट जाता है जब हम उसके साथ ऋषि-मुनियों और उनके ग्रन्थ गीता आदि के गौरव को उनके द्वारा खूब बढ़ाया जाता देखते हैं। जिन ग्रन्थों में अछूतपने की बात भरी पड़ी है और जिन ऋषि-मुनियों ने अपने आश्रमों के आसपास मनुष्य नामधारी दास-दासियों के ऊपर सहस्राब्दियों तक अमानुषिक अत्याचार होते देखकर भी अपनी तपस्या भंग न की, उनके ग्रन्थ अछूतोद्धार के बाधक छोड़ साधक कैसे हो सकते हैं? गांधीजी विपक्ष में जाने वाले वाक्य की नई व्याख्या कर अपना काम चलाना चाहते हैं।

भारत में पहले भी ऐसे कुछ सुधारक हुए हैं जिनके काम करने का यही ढंग था। लेकिन यह तो नासूर पर ऊपरी मरहम-पट्टी है। यही शास्त्र और ऋषि-मुनियों के प्रति गौरव तो और भी अछूतेपने की नींव को मजबूत करने के कारण बने हैं और गांधी जी चाहते हैं कि शास्त्र और ऋषि-मुनियों के गौरव में भी कोई बट्टा न आने पाये और साथ ही मुनियों का यह सबसे बड़ा अत्याचार भी हमारे समाज से विदा हो जाय।

अपने वचन और आचार द्वारा नहीं, बल्कि प्रार्थना-सम्मेलनों के प्रदर्शन से भी उन्होंने ईश्वर भक्ति की बहुत पुष्टि की है। मनुष्यों की असमानता – आर्थिक और सामाजिक दोनों ही तथा रूढ़ियों के पोषण में ईश्वर का खयाल सबसे अधिक सहायक साबित हुआ है। संसार के हर समय के हरेक क्रान्तिकारी इस बात को अच्छी तरह जानते थे और इसलिए उनके यहाँ ईश्वर के लिए स्थान नहीं दिया गया। गांधीजी एक तरफ तो संसार को बनाने- बिगाड़ने वाला ईश्वर को कहते हैं और दूसरी तरफ मनुष्य को भी अपने भविष्य के लिए उद्योग करने की शिक्षा देते हैं। निश्चय ही स्वार्थियों, ढोंगियों और सोचने की ताकत खो दिए हुए दिमागों को गांधी जी की ईश्वर-भक्ति से बहुत सहायता मिलती है। लेकिन राष्ट्र की जो कठिनाइयाँ और दुःख है, वे सच्चे हैं, काल्पनिक नहीं। ईश्वर-भक्ति उसे भुला देने में सहायक हो सकती है, लेकिन हरेक पेचीदा प्रश्न पर गम्भीरतापूर्वक विचार करने में बाधक भी बहुत होती है। हमारे राष्ट्रीय नेताओं को जेल में वर्ष-वर्ष तक का निश्चिन्त समय मिला था। यदि वे चाहते तो इस समय को बहुत आसानी से भारत की आर्थिक और सामाजिक समस्याओं के हल करने के विचार में तथा तत्सम्बन्धी विशाल साहित्य के अध्ययन में लगा सकते थे, लेकिन सामने तो गांधी जी का सतयुग और राम-राज्य था। उनको आजकल के शैतानी साहित्य—अर्थशास्त्र और साइन्स – से क्या प्रयोजन? कोई गीता की एक आवृत्ति रोज कर लेता था? बिहार के कुछ संभ्रान्त नेता तो इस बड़ी खोज में लगे हुए थे कि अट्ठारहों अध्याय गीता में ‘क’ कितनी बार आया है और

'ष' कितनी बार। उनको लिखने-पढ़ने से क्या मतलब? जिन्होंने १९२१ ई० में कालेज छोड़ा, उनके लिए विज्ञान और विद्या उन्हीं के विद्यार्थी जीवन में अपनी चरम सीमा तक पहुंच गई थी।

पिछले सोलह-सत्रह वर्षों में मनुष्य का दिमाग सिवाय बेवकूफी के, क्या कोई गम्भीर विचार या साहित्य निकाल पाया है? मुश्किल तो यह है कि उन्होंने कालेज में जो पढ़ा था, उसे भी वहीं कालेज के दरवाजे पर झाड़ कर चले आये थे। क्या वे जानते नहीं थे कि उन्हें एक समय गवर्नमेन्ट की बागडोर अपने हाथ में सँभालनी पड़ेगी। उस वक्त गीता और रामायण से काम नहीं चलेगा? उस समय विज्ञान की हरेक शाखा का, जिसका राजनीति से घनिष्ठ सम्बन्ध है, ज्ञान आवश्यक होगा। और ऐसा न करने पर कांग्रेसी मन्त्रियों को भी अपने विभाग के पदाधिकारियों के हाथ में रहना पड़ेगा, क्योंकि जहाँ वे पदाधिकारी अपने विषय के विशेषज्ञ होंगे, हरेक बात को आँकड़ों, योजनाओं और सिद्धान्तों के साथ-साथ पोथी की पोथी पेश कर सकेंगे, वहाँ हमारे मन्त्री लोग फाइल पर सिर्फ दस्तखत कर देने की शक्ति रखेंगे और ज्यादा हुआ तो कुछ उलटे-सीधे सभा में अपने क्रान्तिकारी और आदर्शवाद तथा त्याग पर व्याख्यान झाड़ देंगे। निश्चय ही यह आसान काम है, क्योंकि न इसमें बहुत दिमाग खर्च करने की जरूरत है, न पढ़ने-लिखने की। हमारे नेताओं में इस शोचनीय स्थिति के लाने की सारी जिम्मेवारी गांधीवाद पर है और जब तक यह अन्धी भक्ति दूर नहीं होती, तब तक हमें अधिक आशा रखने का खयाल छोड़ देना चाहिये।

गांधी जी कहते हैं कि नशा को हिन्दुस्तान से बिल्कुल विदा कर देना चाहिये। ताड़ी हो या देशी शराब और शायद गाँजा और भाँग भी, सभी को वे देश निकाला देना चाहते हैं। सिगरेट और तम्बाकू को भी बहुत दिनों तक यहाँ न रखना चाहेंगे। यूरोपियन लोगों के लिए कुछ परिमाण में विदेशी शराब लाने की रियायत भी करने के लिए तैयार हैं। बिहार के पाँच करोड़ के बजट में १ करोड़ १७ लाख शराब से आता है, उसे वे एकदम कैसे बन्द कर देने की सम्मति दे रहे हैं। चाहे आपके स्कूल-कालेज बन्द हों, चाहे लड़के आधुनिक ज्ञान से वंचित हों, लेकिन वे नहीं चाहते कि शराब बेचकर मिले इस पाप के धन से विद्या पढ़कर विद्यार्थियों के दिमाग को कलुषित किया जाय। अभी कल तक गांधी जी मिल मालिकों, जमींदारों और बड़े-बड़े सेठ साहूकारों को शिक्षा दे रहे थे कि हम यह नहीं चाहते कि सम्पत्ति तुम्हारे हाथ से छीन ली जाय, हम यही चाहते हैं कि तुम अपने को गरीबों का अभिभावक और गार्जियन समझो। तो अभिभावक और गार्जियन लोग अब गांधी जी के इस वचन के भरोसे कह सकते हैं कि हम अब अभिभावक रहना चाहते हैं। हमारे ऊपर अब कोई नया नया टैक्स न लगाया जाय, न जमींदारी प्रथा उठाई जाय, न जमींदारों के किसी हक को छुआ जाय।

इस प्रकार आबकारी की आमदनी इस तरह से बन्द हो जायेगी और इधर अभिभावक, जमींदारों और मिल मालिकों को गांधी जी का वरदान मिल ही गया है। अब चलो, चुप-चाप

बैठे-बैठे प्रेमभवन में माला जपते रहो। ताड़ी को भी गांधी जी शराब के साथ ही रखना चाहते हैं- ताड़ी या तो तुरन्त वृक्ष से नीचे उतरते ही पी ली जाय या उसका गुड़ बना लिया जाय, उसको एक-दो दिन भी रखने की इजाजत न दी जायेगी। नशा तो रोकना चाहिये और अफीम-जैसे नशों को रोकने के लिए अगर जबर्दस्ती भी की जाय तो कोई हर्ज नहीं।

शराब जो स्वास्थ्य को तुरन्त नुकसान पहुँचाती है, उसको भी रोकना ठीक है। लेकिन सभी व्यक्तियों के लिए जिस चीज में जरा भी नशा और अलकोहल का सम्पर्क आ जाय, उन सभी को राजी-खुशी या जबर्दस्ती चौबीस घंटे के भीतर बन्द करना और उसे भी ऐसी अवस्था में जब कि प्रान्त की एक भारी आमदनी के हाथ से निकल जाने का सवाल है, कहाँ तक राजनीति समझा जायेगा? और ताड़ी को अगर उसमें हल्का-सा नशा आ भी जाय तो भी, जब तक वह खाद्य के रूप में ताकत पहुँचा सकती है, तब तक उसे रोकने के लिए इतनी तत्परता दिखलाने की क्या आवश्यकता? ताड़ी को तो बल्कि शराब छुड़ाने के लिए साधना चाहिये, एक खास हद तक हल्का नशा आने को देख लेना चाहिये और उतने दिनों तक उसके रखने की आज्ञा देनी चाहिये जितने में एक नशा की मात्रा नियमित परिमाण से अधिक न बढ़ने पाये।

ताड़ी में बहुत पुष्टिकारक शक्ति है, देहात में कितने लोग सिर्फ स्वास्थ्य-सुधार और शरीर को मजबूत करने के लिए साल में एक-दो महीना ताड़ी पीते हैं और उनके स्वास्थ्य में प्रत्यक्ष ही सुधार देखने में आता है। ताड़ी को भी शराब और अफीम की श्रेणी में गिन लेना और फिर उसके पूर्ण बहिष्कार के लिए जोर देना ऐसे गरीब लोगों के लिए अन्याय है जिनको उसके जरिये शारीरिक पुष्टि मिलती है। आबकारी को हटाने के लिए तीन बातों की ओर जरूर खयाल रखना होगा-एक, ताड़ी के लाभ को, जो नशा की एक खास सीमा के भीतर रखने से होता है, दूसरे, स्वाभाविक नशेबाजों को कुछ ताड़ी जैसी चीज के जरिये अपनी पुरानी नशेबाजी से हटाने के लिए इस्तेमाल करना, तीसरे, हमें यह भी देखना होगा कि इसकी इतनी बड़ी आमदनी जिसके न होने पर हमें अपने सारे स्कूल और कालेज बन्द करने होंगे-एक-ब-एक नहीं छोड़ा जा सकता। पहले उसके लिए कोई एक रास्ता निकालिये, तब ऐसा कर सकते हैं।

अगर वैयक्तिक सम्पत्ति उठा दी गई होती और लोगों के परिश्रम को बढ़ाकर अधिक जीवन-सामग्री पैदा की जाती तो आबकारी की आमदनी आदि का सवाल ही नहीं उठता। लेकिन गांधी जी तो वैयक्तिक सम्पत्ति को भी शायद भगवान की आज्ञा से मिली मानते होंगे, इसलिए उस पवित्र सम्पत्ति पर वे कैसे हाथ डाल देंगे—उनका तो सीधा उत्तर है, अगर आमदनी कम हो जाती है तो शिक्षण संस्थायें बन्द कर दो।

गांधी जी यह भी कहते हैं कि पाठशालाओं को स्वावलम्बी बना दिया जाय। कौन-सी पाठशालाओं को? प्राइमरी की छह श्रेणियों को जिनमें छह से बारह वर्ष के लड़के पढ़ते हैं। हाँ, यदि गांधी जी यह नियम बनवा दें कि लोग बीस वर्ष की उमर के बाद पाठशालाओं में जाया

करें तो उस समय भले ही उनके आधे परिश्रम से पाठशालाएँ स्वावलम्बी बन जायँ। छोटे बच्चे तो हमेशा माता-पिता तथा राष्ट्र के ऊपर अपने शिक्षण का भार डालेंगे।

उनका पाठशालाओं के स्वावलम्बी बनाने का खयाल तो वैसे ही है जैसे बच्चे को पैदा होते ही स्वावलम्बी होने का उपदेश दिया जाय। चाहे टैक्स से रुपया वसूल करके शिक्षा विभाग में खर्च करें या गाँव के अध्यापक को लोगों से आटा, चावल और पैसा का चन्दा करवाया जाय, स्वावलम्बी का यहाँ खयाल ही कैसे उठता है? असल बात तो यह है कि गांधीवाद आजकल के साइन्स और विद्या की उन्नति को शैतान की खुराफात समझता है और उसके प्रचार में दिल से सहानुभूति नहीं रखता। उसके अनुसार तुलसीकृत रामायण को सुन-पढ़ लेना एक आदमी की शिक्षा के लिए काफी है। मिट्टी और पानी सभी बीमारियों के लिए रामबाण है ही। अस्पताल तोड़ देना चाहिये, डाक्टरों को बरखास्त कर देना चाहिये और मेडिकल कालेजों पर 'टुलेट' लगा देना चाहिये। वास्तव में ईश्वर-विश्वासियों के लिए इसकी है भी क्या जरूरत? 'जाको राखे साइयाँ मार न सकिहैं कोय' पक्का सिद्धान्त तो मौजूद ही है। जिसको भगवान मारना चाहते हैं, उसे डाकूटर बचा ही नहीं सकते और दुःख-सुख भी तो भगवान का दिया हुआ है, उसको भी कौन हटा सकता है?

कैदियों के लिए जेलखाना और शान्ति-रक्षा के लिए पुलिस की भी आवश्यकता नहीं। शायद वे समझते होंगे कि कैदखाना, जेल और पुलिस को देखकर ही मनुष्य का देवता- जैसा स्वभाव सहज ही विकृत हो जाता है। आज अगर जेल और पुलिस को हटा दिया जाय तो आपको न दरवाजे में ताला लगाने की जरूरत पड़ेगी, न घर के भीतर लोहे की तिजोरी रखनी पड़ेगी। आज हजार-दो हजार के नोट बेशक बरामदे की मेज पर रखकर बीवी-बच्चों सहित दो घंटे शहर की सैर कर आयें। देवता- स्वरूप मनुष्य उस समय भला कभी उन कागज के टुकड़ों की ओर लोभी नजर से देख सकता है? लोभ तो जेल की वजह से है – उसी तरह जिस तरह पुलिस की लाल पगड़ी को देखते ही लोगों के हाथ एक-दूसरे का सिर फोड़ने के लिए खुजलाने लगते हैं। गांधी जी पश्चिम के अराजकतावादियों की तरह शायद समझते हैं कि मनुष्य- समाज को न कानून की जरूरत है, न गवर्नमेन्ट की।

गांधीवाद ने इन्द्रिय-निग्रह और ब्रह्मचर्य पर भी बहुत जोर दिया है। गांधीजी के आश्रमों में तो इसके लिए सख्त से सख्त नियम बनाये गये हैं और शायद इन्हीं आश्रमों में इन नियमों की सबसे ज्यादा अवहेलना भी हुई है। एक बार असफल होने पर फिर प्रयत्न किया गया और इस तरह दर्जनों बार की असफलता पर भी सिद्धान्त में संशोधन की आवश्यकता न समझी गई। एक बेचारा छोटा आदमी, जिसने हर तरह से अपने को ईमानदार साबित किया है, वह जरा-सा कठोर ब्रह्मचर्य के नियम से अगर इधर-उधर डिग जाता है, तो उसकी प्रताड़ना के लिए सारे भारत के पत्रों को खबर दे दी जाती है और पास में बैठने वाली बड़ी मछली अगर कितनी ही बार उन नियमों की अवहेलना करती है, तब उसके लिए उतनी कड़ाई करने की आवश्यकता

नहीं समझी जाती। देश की जन-संख्या बढ़ती जा रही है। उसको रोकने के लिए गांधीवाद के पास सबसे सरल नुस्खा है ब्रह्मचर्य। विवाहित होने पर भी पति-पत्नी एक-दूसरे से अलग रहें। संतति-निरोध तो इसकी दृष्टि में अक्षम्य अपराध है। यह तो खुलेआम व्यभिचार का प्रचार करना है। ब्रह्मचर्य ही मनुष्य के लिए स्वाभाविक चीज है और स्त्री-पुरुष का सांभोगिक सम्बन्ध तो बिल्कुल कृत्रिम चीज है। बढ़ती हुई जनसंख्या, जो भारत में बड़ा विकराल स्वरूप धारण कर रही हैं, उसके लिए गांधीवाद ने यह उपाय सोच रखा है। यह ऐसा उपाय जिसे पालन करने वाले शायद गांधीजी के अनुयायियों में भी एक दर्जन न मिल सकेंगे, तो भी उसके बल पर हर दस वर्ष के भीतर तीन करोड़ की वृद्धि को रोकने का बीमा लिया जा रहा है। बात यह है कि गांधीवाद का सबसे अटल विश्वास ईश्वर-भक्ति पर है। वह समझता है कि जो समस्याएँ मनुष्य के लिए हल करने में तो असम्भव मालूम होती हैं, वे ईश्वर के सामने तुच्छ हैं। वह तो पलक-दरियायी है। पलक गिरने में बड़ी से बड़ी समस्याएँ हल कर सकता है। हाँ, इसमें क्या शक है! लेकिन इसके लिए हमें एक बड़े पैमाने में भूकम्प, प्लेग या इनफ्लुएञ्जा की प्रतीक्षा करनी चाहिये।

किसी समस्या पर साफ-साफ न सोचना, कठिनाइयों को अदृश्य और अप्रमाणित साधनों के ऊपर छोड़ रखना, बस यही गांधीवाद का असली रूप है।

***

३

हिन्दू-मुस्लिम समस्या

हिन्दू-मुस्लिम समस्या हिन्दुस्तान में एक न हल होने लायक प्रश्न समझी जाती है। अगर उसके कारणों पर दृष्टिपात करें, तो पायेंगे इस विभेद की बुनियाद किसी मजबूत पत्थर पर नहीं है। कोई आर्थिक प्रश्न् ऐसा नहीं जो इस समस्या की जड़ में हो और आर्थिक प्रश्न ही किसी बात को मजबूत बनाता है। यह सारा झगड़ा मध्यवर्ग और उच्चवर्ग का बनाया हुआ है; बल्कि उच्चवर्ग या राजा-नवाब लोगों का। हिन्दू-मुस्लिम प्रश्न के साथ घनिष्ठता पैदा करना तो सिर्फ साधारण जनता को अपने जाल में फँसाने के लिए है। आप जमींदारों की सभा की ओर देख लीजिये। उनमें सभी महाराज, नवाब, रायबहादुर, खाँबहादुर सगे भाई से मालूम होंगे। असल में उनमें तो आपस में कोई उस तरह का न भेद है और न हिन्दू-मुस्लिम झगड़ों से उनका कोई नुकसान होता है। मरते और जेल जाते हैं तो साधारण गरीब लोग।

जमींदार और बड़े-बड़े धनी लोग बहुत करते हैं तो गरीब हिन्दू-मुसलमानों को एक-दूसरे के खिलाफ भड़काते रहते हैं और जब दोनों फँस जाते हैं, तो आप नौ दो ग्यारह। इस समस्या की जड़ है किसान-मजदूरों को अपने आर्थिक स्वार्थ का ज्ञान न होना। बहिश्त और स्वर्ग के लोभ में, जो इन्हीं धनियों के पिट्ठुओं ने उन्हें दिया है, अपने उस जीवन को दुःखमय और नरक का जीवन बना रहे हैं। यदि उन्हें यह अच्छी तरह ज्ञात हो जाय कि सभी गरीबों का सवाल एक है— चाहे वे हिन्दू हों या मुसलमान; अगर इजाफा होता है, तो सभी गरीबों पर; यदि बेगार और नाजायज कर वसूल किये जाते हैं, तो वे भी गरीबों से ही। यदि आज जमींदारी प्रथा उठती है, तो हिन्दू-मुसलमान दोनों ही गरीबों को फायदा होगा। अगर शिक्षा अनिवार्य की जाती है, तो उससे भी दोनों ही के बच्चे लाभ उठायेंगे। यदि देश में नया समाज और नया आर्थिक संगठन किया जाता है, तो उससे सबसे बड़ा फायदा गरीबों को ही होगा। अगर इन बातों पर वे अच्छी तरह गौर करना सीख लें, तो उन्हें मालूम होगा कि एक हजार में से नौ सौ निन्नानबे आदमियों को इन हिन्दू-मुसलमान झगड़ों से नुकसान ही होगा। झगड़ों के कारण हैं, विदेशी प्रभुओं का स्वार्थ, धनिकों का स्वार्थ और चन्द पढ़े-लिखे लोगों की नौकरी और मेम्बरी की भूख, जिससे साधारण जनता को नुकसान के सिबाय फायदा कुछ भी नहीं। जरूरत यह है कि हम सौ में निन्नानबे आदमियों के सामने रोज-ब-रोज के आर्थिक प्रश्न को रखें। साम्यवादी और

किसान कार्यकर्ता यह दिखा दें कि हिन्दू-मुस्लिम का बिल्कुल भेदभाव नहीं है, जैसा कि जमींदार दिखलाते हैं; बल्कि जमींदारों को तो अपना ढोंग भी जनता के सामने रखना है; इसलिए कितनी ही बातों में बाहर से कम से कम थोड़ा फर्क दिखलाना चाहते हैं। लेकिन साम्यवादियों को तो कम से कम हिन्दू-मुस्लिम होने का खयाल ही मिटा देना होगा। सभी साम्यवादी कार्यकर्ताओं को अपना उदाहरण लोगों के सामने रखना चाहिये। एक साथ खाना पीना तो खुल्लम-खुल्ला होना चाहिये। एक-दूसरे की भावनाओं पर, लड़कपन से आये हुए सामाजिक संस्कारों पर, खूब खुले तौर से बिना संकट के बहस करनी चाहिये। धार्मिक हो या सामाजिक, सांस्कृतिक हो या राजनीतिक, हर पहलुओं पर उन्हें निडर होकर बात करना चाहिये। इसका उन्हें खयाल ही छोड़ देना चाहिये कि उनके भाव पर शायद ठेस लगे। आजादी का प्रश्न छोड़कर साम्यवादियों के सामने न कोई बड़ा प्रश्न और न कोई बड़ा कोमल भाव।

हम जानते हैं कि साम्यवादी भी आखिर हिन्दू-मुसलमान माँ-बाप से ही पैदा हुए हैं और बच्चे पर लड़कपन में कम से कम अपने माँ-बाप का असर होना जरूरी है। वे असर तभी दूर हो सकते हैं, जब कि सामाजिक बन्धनों को तोड़ने में हम साहस से काम लें और एक-दूसरे के कोमल भावों पर खुला प्रहार करने को तैयार हों। साम्यवादियों को इसे तो पहला सामाजिक नियम बना देना चाहिये कि इसमें आने वाला आदमी हिन्दू हो या मुसलमान, छूत हो या अछूत, उसे एक साथ खाना-पीना चाहिये। उसको यह न खयाल करना चाहिये कि साधारण लोग क्या कहेंगे। किसी भी सामाजिक क्रान्ति में शामिल होने वालों को कुछ कड़वा-मीठा सहने के लिए तैयार होना ही चाहिये। लोग जेल जाने और फाँसी चढ़ जाने को बड़ी हिम्मत की बात कहते हैं। समाज की रूढ़ियों को तोड़ना और उसके द्वारा उनकी आँखों में काँटे की तरह चुभना जेल और फाँसी से भी ज्यादा साहस का काम है।

साम्यवादी एक नया संसार, एक नया समाज बनाना चाहते हैं, इसलिए उन्हें हर तरह की कुर्बानियों के लिए तैयार रहना चाहिये। अगर आप शादी-ब्याह अपनी जाति में रखना चाहते हैं, अगर आप मुंडन और जनेऊ अपनी जाति के रिवाज के मुताबिक करना चाहते हैं, अगर आप खान-पान में स्वयंपाकी रहना चाहते हैं तो आप जैसे साम्यवादी से साम्यवाद को नुकसान ही पहुँचेगा।

जहाँ साम्यवादियों की पार्टी का हेड क्वार्टर हो या कुछ साम्यवादी एक जगह रहते ‘ हों, वहाँ हिन्दू-मुस्लिम बावर्चीखाना अलग नहीं रहना चाहिये। सबका खाना एक जगह बने और जो चाहे सो बनावे। और सबको एक साथ बैठकर खाना चाहिये। शायद हमारे साम्यवादी कार्यकर्ताओं को यह खयाल हो कि इससे कहीं जनता भड़क उठेगी, जिसमें वे काम करना चाहते हैं, लेकिन तब आपके इस कहने का मतलब होगा कि जिन रूढ़ियों को तोड़ फेंकना साम्यवाद के लिए सबसे आवश्यक चीज है, उन्हीं को आप साम्यवाद की सफलता में

सहायक मानते हैं। जनता अपने असली हित को समझने की शक्ति रखती है। यदि उसको ठीक से समझाया जाय तो मैं यहाँ अपना ही एक उदाहरण देता हूँ। बहुत दिनों बाद मुझे एक परिचित गाँव में जाना पड़ा। लोगों का आग्रह हुआ कि मैं रूस के बारे में कुछ कहूँ। मैंने साधारण रूसी जनता की आर्थिक उन्नति की बात बतलाई— कैसे वहाँ के गाँव के छोटे-छोटे खेत-मेड़ तोड़कर मीलों लम्बे बना दिये गये हैं, कैसे छोटे-छोटे टटुओं की जगह एक हाथ गहरा खोदने वाले सात-सात फारों के मोटर वाले हल एक के पीछे पचास, खेतों में चलते दिखलाई पड़ते हैं, कैसे गाँव के स्त्री-पुरुष, श्रमिक अपने सम्मिलित खेतों पर मोटर- हलों पर बैठे झंडे और जयनाद के साथ खेतों पर पहुँचते हैं, कैसे हवाई जहाज उड़कर मीलों लम्बे खेतों में बीज बोते हैं; कैसे मशीन ही खेतों को काटती हैं, कैसे फसल को दबाती हैं, किस तरह खेतों पर भी भोजन के वक्त सैकड़ों किसान काम छोड़ कर एक जगह जमा होते हैं, भोजन परोसा जाता है और साथ-साथ लोग रेडियो का गाना भी सुनते हैं, कैसे गाँव एक-दूसरे से जुताई, खेत बोने और अनाज को अधिक परिमाण में पैदा करने में होड़ लगाते हैं, कैसे किसी गाँव का काम पिछड़ जाने पर दूसरे गाँव वाले गोल बाँधकर मदद देते और उन्हें लज्जित करते हैं, कैसे गाँव की छोटी-छोटी झोंपड़ी हटाकर चौड़ी सड़कों के किनारे ईंट- चूने के मकान किसान बना रहे हैं जिसमें पानी के नल, बिजली की रोशनी, नागरिकों की चीजें पहुँच रही हैं, कैसे हर एक गाँव में स्कूल, अस्पताल और सिनेमा जारी रहता है, कैसे हर एक गाँव के श्रमिक स्त्री- पुरुष अपने पुस्तकालय, क्लबों और नाट्यशाला में नियमपूर्वक पहुँचते हैं, कैसे लोगों को दिन में छह-सात घंटा काम करना पड़ता है और इतने ही में सुसंस्कृत जीवन बिताने की हर एक सामग्री को वे आसानी से पा सकते हैं, कैसे वहाँ लड़के-लड़कियों को पढ़ाने तथा परवरिश करने का सबसे अधिक भार साम्यवादी सरकार अपने हाथ में लेती है, मानो पिता को न शादी की फिक्र है, न लड़के के लिए कुछ विरासत दे जाने की, कैसे यदि कोई बीमार या बूढ़ा हो तो उस व्यक्ति के भरण-पोषण का सम्मानपूर्वक इन्तजाम सरकार शुरू करती है, कैसे वहाँ के लोगों की चिन्ता अब हजार हिस्से में एक हिस्सा रह गई है।

उस सभा में हिन्दू, मुसलमान, ब्राह्मण और चमार सभी थे। मैंने देखा कि सभी के चेहरे पर प्रसन्नता की रेखा दिखलाई पड़ती है। तब मैंने कहा, लेकिन रूस में बहुत-सी खराब बातें भी हुई हैं, वहाँ घुरहू तिवारी की लड़की को मँगरू चमार का लड़का सरेआम ब्याह कर लेता है और उसमें कोई बाधक नहीं हो सकता। वहाँ खाने-पीने में जात-पाँत का सवाल नहीं है। मँगरू चमार अगर रसोई अच्छी बनाना जानता है, तो वही बनायेगा और गाँव के ब्राह्मण, राजपूत, सबको एक साथ बैठ कर खाना पड़ेगा। अगर बड़ी जाति वालों ने जरा-सी आनाकानी की, तो बहुत सम्भव है कि उन्हें देश से निकाल दिया जाय धर्म और ईश्वर के लोग विरोधी बना दिये गये हैं, हजारों मन्दिरों और मस्जिदों की वर्षों से मरम्मत नहीं हुई, उनकी छत की लकड़ियों को वही लोग ले जाकर ताप लिया करते हैं और अब उनकी दीवारें और छतें जीर्ण-शीर्ण अवस्था

में गिरने के लिए तैयार हैं, पुरोहितों और मुल्लाओं का पेशा उठा दिया गया है, अपने हाथ से काम करो तो ठीक, नहीं तो महारानी फूलकुमारी की अब वे पचासों लौण्डियाँ नहीं रह गईं, उन्हें अपने हाथ नहाना और धोना नहीं पड़ता, बल्कि पापी पेट के लिए खेत काटना, मिट्टी ढोना और सब तरह का काम करना पड़ता है। जिनके हाथ कभी मक्खन की तरह मुलायम थे, अब उनके हाथों में पत्थर के-से कड़े पाँच-पाँच घट्टे देख सकते हैं। साधु-महात्मा का नाम वहाँ नहीं, सबसे बड़ी बात तो यह है कि जात-पाँत का कोई खयाल नहीं रखा जाता। देखिए पापी पेट के लिए, इस चार दिन की जिन्दगी के लिए इस तरह का अधर्म क्या आप लोग पसंद करेंगे? मैंने समझा था कि मेरे भाषण के पिछले मजमून को सुनकर लोग भड़क उठेंगे।

लेकिन वहाँ उन लोगों को कहते सुना कि अरे, इसमें क्या रखा है, आदमी की तरह सुखपूर्वक जीवेंगे और चिन्ता के बोझ से दिल तो हल्का होगा। कुछ तो कहने लगे—बाबा! यह हमारे यहाँ कब होगा? हमारी जिन्दगी में हो जायेगा कि नहीं?

साम्यवादियों को जनता के सामने निधड़क होकर अपने विचार को रखना चाहिये और उसी के अनुसार करना भी चाहिये। हो सकता है, कुछ समय तक लोग आपके भाव न समझ सकें और गलतफहमी हो, लेकिन अन्त में आपका असली उद्देश्य हिन्दू-मुसलमान सभी गरीबों को आपके साथ सम्बद्ध कर देगा। रूढ़ियों को लोग इसलिए मानते हैं, क्योंकि उनके सामने रूढ़ियों को तोड़ने वालों का उदाहरण पर्याप्त मात्रा में नहीं है। लोगों में इस खयाल का जोर से प्रचार करना चाहिये कि मजहब और खुदा गरीबों के सबसे बड़े दुश्मन हैं। वे मरने के बाद स्वर्ग का लालच देकर इस जीवन को नरक बनाते हैं। ऋतु- सम्बन्धी तथा अन्य राष्ट्रीय महत्व के उत्सवों में साम्यवादियों को भी शामिल होना चाहिये, लोगों को भी उसकी ओर आकर्षित करना चाहिये, लेकिन जिन त्योहारों का सम्बन्ध मजहब से है, उनसे अपने को अलग रखना चाहिये।

हमें जन्माष्टमी और मौलूद शरीफ, नवरात्रि और ईद से कोई सम्पर्क नहीं रखना चाहिये, ताजिया और रामलीला दोनों हमारे लिए एक समान त्याज्य है। हिन्दुओं की गोरक्षा सबसे बड़ी बेवकूफ और हानिकारक चीज है। खुद तो इनके पुरखे अभी सोलह सौ वर्ष पहले तक गाय का मांस घर-घर में खाते और खिलाते रहे हैं, वहीं धूर्त पुरोहित, जिनके पूर्वजों के यहाँ बिना एक छह महीने की बछिया मारे मेहमान की खातिरदारी नहीं हो सकती थी, वही अब गाय के पीछे जेहाद बोल रहे हैं। इस बारे में हमारी राय खुली और स्पष्ट होनी चाहिए। हमारे लिए गाय वैसी चीज है, जैसी कि और भी कोई जानवर | हिन्दू किसान मजदूरों को समझना चाहिए कि तुम्हारे पूर्वजों की करनी गोरक्षा के विषय में कैसी थी? कुर्बानी करना भी बेवकूफी है और फिर उस खुदा के लिए जो गरीबों का सबसे बड़ा दुश्मन है। हिन्दू जब खुद अपने खयाली देवताओं के लिए बकरी-सुअर चढ़ाये, तब तो कोई बात नहीं, लेकिन जब मुसलमान

उसी बेवकूफी को करे तो उसके लिए लट्ठ लेने को तैयार हो जायँ तो यह कितनी वाहियात बात है।

गोकशी और रामलीला, ताजिया और बाजा-ये सारे झगड़े धनियों के बड़े काम के हैं। वह उन्हीं को लेकर गरीबों में झगड़े पैदा करते हैं। उनको एक दूसरे का जानी दुश्मन बनाते हैं और फिर अपना उल्लू सीधा करते हैं। मजहब और खुदा के खिलाफ हमें जबर्दस्त प्रचार करना चाहिए।

किसानों और मजदूरों को अपनी जिन्दगी की नित्य-नित्य की कड़वाहट का इतना अनुभव होता है कि समझने पर वे मजहब की धोखाधड़ी को समझ सकते हैं। एक मर्तबे यदि यह भाव हमने लोगों में पैदा कर दिया, तो किसान और श्रमिक जनता की सारी सम्मिलित शक्ति क्रांति के लिए तैयार हो जाएगी।

उर्दू-हिन्दी, धोती-पायजामा, लाल-सफेद टोपी भी उसी मजहब ने पैदा किया है। साम्यवादियों के लिए कोई बात इसलिए माननीय नहीं है कि वह हजारों वर्ष से चली आती है। हम जानते हैं कि जितनी शताब्दियाँ हम पीछे की ओर जायेंगे, उतना ही लोगों में बेवकूफी का परिमाण भी अधिक पायेंगे। हर एक चीज पर हमें बुद्धि पूर्वक विचार करना है। न किसी पोथी की बात माननी है, न किसी बड़े आदमी की। तब हमें अपने ही अपना रास्ता साफ दिखलाई पड़ने लगेगा।

हमें उस समय के लिए उतावला होना चाहिये, जब कि हमारे देश से जातिभाव सपना हो जायगा, छुआछूत मिट जाएगी और धर्म एवं वेद अतीत की बात हो जायेंगे। रोटी-बेटी, वेश-भूषा, भाषा-भाव सब एक हो जायेंगे।

***

४

शिक्षा में आमूल परिवर्तन

शिक्षा की कोई भी प्रणाली इस प्रकार की होनी चाहिये कि वह किसी राष्ट्र की मानसिक आर्थिक आवश्यकताओं की पूर्ति कर सके। भारतवर्ष में हम लोग अपनी शिक्षा-प्रणाली के दोषों से पूर्णतया परिचित हैं। यह शिक्षा प्रणाली हमारी आवश्यकताओं की पूर्ति नहीं करती, वरन् यह एक बड़ा भारी नुकसान कर रही है। हमारे शिक्षितों को यह व्यक्तिगत और सामाजिक उत्तरदायित्व के भार को वहन करने में सर्वथा असमर्थ कर देती है। मेरे कहने का तात्पर्य यह नहीं कि हमारे स्कूलों और विश्वविद्यालयों की शिक्षा एकदम व्यर्थ है। विज्ञान, इतिहास और साहित्य जो कि हमारे शिक्षालयों में पढ़ाये जाते हैं, वे सब किसी भी सभ्य राष्ट्र के लिए आवश्यक हैं।

लेकिन हमारी शिक्षा में एक बहुत बड़ा दोष यह है कि यह शिक्षितों को शारीरिक श्रम करने के बिलकुल अयोग्य बना देती है। शिक्षित पुरुष शारीरिक श्रम को अपनी प्रतिष्ठा के प्रतिकूल समझता है। अपने समाज में हम आलसियों की पूजा करते हैं, अर्थात् हम ऐसे शिक्षित पुरुष चाहते हैं जो सब प्रकार के शारीरिक श्रम को घृणा की दृष्टि से देखता है और अपने छोटे-मोटे व्यक्तिगत कामों के लिए भी नौकर पर निर्भर करता है।

यह आदत हमारे शासकों ने इस देश में प्रतिष्ठित होने के लिए कायम की थी। हमारे काले और गोरे नवाबों के उदाहरण शिक्षित भारतीयों के लिए आदर्श बन गये और हमारी वर्तमान अवस्था का उत्तरदायित्व इसी पर है

शारीरिक श्रम—इस सम्बन्ध में हमें पहला शिक्षा सम्बन्धी सुधार यह करना है कि लोगों के मस्तिष्क पर शारीरिक श्रम के महत्व की छाप डाल दें। शारीरिक श्रम को अनिवार्य विषयों के समान हमें अपने पाठ्यक्रम का एक अंग बनाना पड़ेगा। किसी भी विद्यार्थी को प्रारम्भिक वर्ग से लेकर विश्वविद्यालय तक तरक्की नहीं मिलनी चाहिये, जब तक वह शारीरिक श्रम के विषय में उत्तीर्ण न हो ले |

प्रत्येक आदमी शिक्षा के महत्व को समझता है, अतएव अगर लोग इसके लाभ से शारीरिक श्रम न करने के कारण वंचित कर दिये जायँ तो वे शारीरिक श्रम करने के लिए बाध्य होंगे। इस शारीरिक श्रम से किसी को छुटकारा नहीं मिलना चाहिये, यदि उसके अवयवों में कोई दोष न हो। शारीरिक श्र्रम जमीन खोदने और बोझा ढोने के रूप में रहना चाहिये।

विद्यार्थियों की उम्र के मुताबिक हरेक वर्ग को हरेक सप्ताह में किन्हीं नियत घण्टों तक शारीरिक श्रम करना चाहिये।

शिक्षा-विभाग के अधिकारियों को इसका सन्तोष होना चाहिये कि जो विद्यार्थी उत्तीर्ण होते हैं, वे सच्चाई से अपना नियत शारीरिक श्रम करते हैं और कर सकते हैं। शिक्षक और छात्र परीक्षकों को धोखा नहीं दे सकते, क्योंकि प्रतिदिन अभ्यास डाले बिना आधे घण्टे तक जमीन खोदना कठिन है। हम लोगों के बहुत से बैठे-ठाढ़े शिक्षित पुरुष कृषि का कार्य अथवा ऐसा ही अन्यान्य कार्‌य जिसमें शारीरिक श्रम की आवश्यकता है, नहीं कर सकते, क्योंकि अपने सम्पूर्ण छात्र जीवन में वे कठिन शारीरिक श्रम से बिलकुल दूर रहते हैं। साप्ताहिक शारीरिक श्रम के अलावे माध्यमिक स्कूलों और कालेजों में हर साल एक महीने का परिश्रमपूर्ण कैम्प-जीवन हो।

इस प्रकार के कैम्प-जीवन से छात्रों को बहुत-सी शिक्षाएँ मिल सकती हैं। हिटलर के अभ्युदय के साथ ही जर्मनों ने छात्रों के लिए ऐसी प्रणालियाँ बनायी हैं और इस प्रकार के कैम्प उन्होंने मजदूरों के लिए भी बना रखे हैं। इस प्रकार के खीमों में छात्र और मजदूर एक ही प्रकार के जीवन बिता सकेंगे और एक-दूसरे के भावों को समझेंगे। निस्संदेह यह सब खर्च सरकार ही वहन करती है और वह इस श्रम को सड़क बनाने अथवा दूसरे प्रकार के सर्वसाधारण के उपयोगी कामों में लगाती है। इस देश में सभी वही बातें की जा सकती हैं। हम लोगों के पास सड़के अच्छी नहीं और हमें नहरों और बाँधों की आवश्यकता है। अगर हम लोग जर्मन प्रणाली का अनुसरण करें तो हम लोग बहुत आसानी से कैम्प-जीवन के खर्च का प्रबन्ध कर सकेंगे और इस शारीरिक श्रम का बहुत से कामों में उपयोग कर सकेंगे।

कृषि-शिक्षा—हम लोग इस बात को जानते हैं कि खेती की अवस्था इस देश में बिलकुल प्रारम्भिक है। हम लोगों के पास कुछ कृषि-कालेज हैं जिनमें कृषि-विद्या का अध्ययन होता है। लेकिन अभी तक हमने अपनी कृषि में कोई वैज्ञानिक सुधार नहीं किया। हम इसके लिए कृषकों की रूढ़ियों को दोष देते हैं। बेशक कृषक रूढ़ि-प्रेमी हैं, किन्तु ऐसे रूढ़ि प्रेमी कृषक हर देशों में पाये जाते हैं। किन्तु साधारण समझ का किसान भी अपने आर्थिक लाभ को अवश्य समझ सकता है। हमें उत्तर बिहार की ईख की खेती का अनुभव है और यह अनुभव चीनी के कारखानों के स्थापित होने के समय से विशेष रूप में मिला है।

४-५ वर्षों के बीच किसानों ने पुरानी फसलों को छोड़ कर ईख बोना शुरू कर दिया। हमारा पूसा कालेज नई जाँचों में सहायक हो सकता है। लेकिन कृषि-कालेजों में कृषि कर्म करने में जो खर्च पड़ता है, वह इतना अधिक है कि उसे हम व्यवहार में नहीं ला सकते हैं। सच बात तो यह है कि यूरोप और अमेरिका में जो प्रणालियाँ प्रचलित हैं, उनको हम अपने देश में व्यवहार में नहीं ला सकते, क्योंकि हमारे किसानों के पास न तो उतनी जमीन है और न उतना मूलधन है। अतएव हमें आधुनिक कृषि-शिक्षा करना बहुत उचित होगा। कृषि-कालेज में प्रवेश

पाने के लिए हमारे यहाँ विद्यार्थियों को कम से कम इंट्रेंस पास होना चाहिए। इसका नतीजा यह होता है कि जो कोई कृषि-कालेज से भी शिक्षा प्राप्त करता है, नौकरी ही के पीछे परेशान रहता है।

ऐसा कोई प्रबन्ध नहीं है कि थोड़े ही दिनों में किसानों को कुछ उपयोगी बातें बता दी जाएँ और इन सीखने वालों को जहाँ तक हो सके, कम ही शिक्षा प्राप्त कर प्रवेश पाने की कैद रखी जाय और प्राइमरी शिक्षा का प्रबन्ध इस प्रकार किया जाय कि छह वर्ष का पाठ्यक्रम समाप्त करके छात्र कृषि-स्कूल भर्ती हो सकें।

इस प्रणाली में नवीनता लाते हुए हमको खर्च पर भी ध्यान देना चाहिये। अगर इसका खर्च बहुत ज्यादा होगा तो इससे कृषक आकर्षित कदापि न होंगे। मैं कृषि संबंधी सिद्धान्तों की शिक्षा की निन्दा नहीं करता।

लेकिन व्यावहारिक शिक्षा की आवश्यकता बहुत बड़ी है। इस अभिप्राय से हम लोगों को हरेक जिले में एक कृषि-स्कूल चाहिये जिसमें चार वर्ष का पाठ्यक्रम रहे और नियमित छात्रों के अतिरिक्त थोड़े समय के लिए विशेष विषयों का पाठ्यक्रम सर्वसाधारण कृषकों के लिए भी रहे | नवीन प्रणालियों का अन्वेषण इस शिक्षा का प्रधान भाग होना चाहिये। यह शिक्षा तब तक उपयोगी न होगी जब तक सस्ती कृषि थी। कलें, खाद और चुने हुए बीज हमें आसानी से न मिल सकें। सस्ती कलें तैयार करने के लिए कुछ देशी कारखाने संस्थापित होने चाहिये।

उद्योग-धन्धों की शिक्षा—पहले तो समूचा देश ही कल-कारखानों में बहुत पिछड़ा हुआ है। किन्तु बिहार तो और भी पिछड़ा हुआ है। इस प्रान्त की पहली सरकार तो इस बात पर जरा भी ध्यान नहीं देती थी और साधारणत: जनता भी इससे उदासीन ही है। धनबाद में माइनिंग स्कूल है। लेकिन यदि विद्यार्थियों की सूची देखी जाय तो यह पता चल जायेगा कि करीब-करीब सभी अबिहारी ही हैं। भारत ऐसे घनी आबादी के देश की मुक्ति उसके कल-कारखानों की उन्नति पर निर्भर करती है। हरेक कमिश्नरी में एक औद्योगिक स्कूल चार वर्ष के पाठ्यक्रम का अवश्य रहना चाहिये। ऐसे स्कूलों में भर्ती होने के लिए विद्यार्थियों को मिडिल पास होना चाहिये। इनमें विषयों की शिक्षा स्थानीय आवश्यकता के अनुकूल होनी चाहिये। उनमें चीनी मिट्टी के पात्र, चमड़े का काम, शीशे का काम, धातु के पात्र, मिट्टी के पात्र, कागज बनाना, सिलाई का काम, बढ़ई का काम, रेशम का काम, व्यावहारिक इंजीनियरिंग और औद्योगिक रसायनशास्त्र तथा ऐसे ही दूसरे दूसरे उपयोगी विषयों की शिक्षा होनी चाहिये।

प्रारम्भिक और माध्यमिक शिक्षा—बिना विलम्ब के निःशुल्क और अनिवार्य प्रारम्भिक शिक्षा लड़के और लड़कियों के लिए शुरू कर देनी चाहिए। आवश्यक रुपये के लिए हम लोगों को चन्दा माँगना या उधार लेना चाहिये, क्योंकि प्रारम्भिक शिक्षा नागरिकता का आवश्यक गुण है। इसके बिना सामाजिक, आर्थिक और राजनैतिक उन्नति के सब प्रयत्न बेकार होंगे। लड़के और लड़कियों के लिए पृथक स्कूल का निर्माण खर्च को दूना कर देगा।

छह से बारह वर्ष तक सहशिक्षा में किसी को उज्र नहीं होगा। भाषा, व्याकरण और हिसाब तथा दूसरे विषयों की शिक्षा के साथ हम लोगों को शारीरिक श्रम की शिक्षा भी अवश्य प्रारम्भ कर देनी चाहिये। इनमें धार्मिक शिक्षा की कोई जरूरत नहीं, किन्तु नैतिक और राष्ट्रीय शिक्षाएँ उन्हें ऐसी मिलनी चाहिये जो उन्हें राष्ट्रीयता सिखा सकें।

यू० पी० और पंजाब में हाई-स्कूलों का पाठ्यक्रम प्राइमरी को मिलाकर १० वर्ष का है। बिहार में ११ वर्ष की शिक्षा की कोई आवश्यकता नहीं। वर्नाकुलर और अंग्रेजी स्कूल के भेद रखने की कोई आवश्यकता नहीं। अंग्रेजी अनिवार्य दूसरी भाषा रहे, परन्तु दूसरे विषयों की शिक्षा मातृ-भाषा के माध्यम से हो। प्राचीन भाषाओं की पढ़ाई पर विशेष जोर न दिया जाय, किन्तु विद्यार्थियों को गणित और विज्ञान के अतिरिक्त विषय के रूप में लेने के लिए उत्साहित किया जाय।

विश्वविद्यालय की शिक्षा—हमारी यह शिक्षा अधिक-से-अधिक उपयोगी विज्ञान के ज्ञान में वृद्धि करें, हमें सैद्धान्तिक अध्ययन विज्ञान का करना चाहिये। लेकिन व्यावहारिक विज्ञान का ज्ञान हम विशेष रूप से प्राप्त करें। विज्ञान की शिक्षा के लिए किसी राष्ट्र को हर विद्यार्थी पर कुछ रुपया खर्च करना पड़ता है। अतएव विज्ञान के स्नातकों को वकालत में प्रवेश करके इस रुपये का अपव्यय न करना चाहिये। प्रोफेसर की नियुक्ति स्पर्धामय परीक्षाओं (Competitive Examinations) से होनी चाहिये। शिक्षा सम्बन्धी संस्थाओं में जाति या वर्ग का भाव लाना बहुत हानिकारक होगा। आनर्स और पोस्ट ग्रेजुएट क्लासों की शिक्षा उन्हीं प्रोफेसरों से दिलानी चाहिये जो अपने विषयों कुछ मौलिक अन्वेषण कर रहे हों। यदि कोई अध्यापक कोई मौलिक लेख किसी प्रमाणित पत्र में नहीं प्रकाशित कराता हो तो उसे उन क्लासों के पढ़ाने का अधिकार न होना चाहिये। प्राचीन भाषाओं की शिक्षा के लिए अंग्रेजी जानने की आवश्यकता पर जोर न देना चाहिये। पुराने ढंग का पण्डित या मौलवी अपने विषय को किसी एम० ए० से अधिक योग्यतापूर्वक पढ़ा सकता है और अंग्रेजी के माध्यम द्वारा संस्कृत पढ़ाने का कोई अर्थ नहीं। मैं इस बात को समझता हूँ कि पुराने ढंग से पंडित या मौलवी ऐतिहासिक और वैज्ञानिक पहलू में अपने विषयों से परिचित नहीं होते हैं। किन्तु आनर्स और पोस्ट-ग्रेजुएट के प्रोफेसरों को रिसर्च स्कालर होना चाहिये। सभी भारतीय विश्वविद्यालयों के चांसलर वाइसराय या गवर्नर होते हैं। प्राचीन काल में ऐसे प्रबन्ध में कोई उद्देश्य रहा होगा। किन्तु अब, जबकि शिक्षा निर्वाचित मन्त्रियों के हाथ में रख दी गई है, तो पुरानी परिपाटी का परिचालन करना आवश्यक नहीं है। हम लोगों को एक वैतनिक चांसलर रखना चाहिये जिसमें इतने गुण हों और इतना सभ्य हो कि वह विश्वविद्यालय की शिक्षा को अच्छी तरह से सँभाल सके। बिहार के विश्वविद्यालय का प्रबन्ध सभी विश्वविद्यालय के प्रबन्ध से खराब है। कोई भी पुरुष जो अफसरों की नजर में वाइस चांसलर होने के योग्य हो, वह इसका वाइस चांसलर बना दिया जाता है। दरअसल वाइस-चांसलर का पद भी, एक प्रकार

की राजभक्तिसूचक प्रतिष्ठा है जिसे सरकार अपने भक्तों के ऊपर सम्राट की दी हुई पदवियों के समान दे दिया करती है। यह इतना आसान काम समझा जाता है कि कुछ मिनटों में ही वाइस चांसलर अपना राग अलाप जाते हैं, क्योंकि अवैतनिक वाइस चांसलर को अपने पेशे से तो फुर्सत मिलती ही नहीं। हम लोग आसानी से अपने पड़ोसी प्रान्त यू० पी० के विश्वविद्यालयों से इस सम्बन्ध में बहुत कुछ सीख सकते हैं।

पिछड़ी जातियों की शिक्षा—निःशुल्क और अनिवार्य प्रारम्भिक शिक्षा होने | पर भी ऊँची शिक्षा तो खर्चीली रहेगी ही। पिछड़े हुए वर्ग इसका खर्च नहीं जुटा सकते, क्योंकि उनकी आर्थिक अवस्था बहुत गिरी हुई है। शिक्षा में उनकी कोई उन्नति नहीं हो सकती जब तक कि सरकार उनके होनहार विद्यार्थियों को सहायता न दे। मैं जानता हूँ कि सरकार के पास इतने रुपये न रह जायेंगे कि पिछड़ी जातियों के बच्चों के लिए एक उच्च शिक्षा का प्रबन्ध कर सके। पर हमें उनके लिए अवश्य कुछ करना है। वे सदैव सामाजिक अन्याय से ही न दबे रह जाएँ, हमें यह अवश्य देखना है। पिछड़ी हुई जातियों के वे सब छात्र जो प्रारम्भिक या माध्यमिक परीक्षाओं में प्रथम श्रेणी में पास हों उच्च शिक्षा के लिए सरकारी वृत्तियों के अधिकारी समझे जाएँ।

स्वीकृत पुस्तकें—जो पुस्तक किसी भी कक्षा के लिए स्वीकृत की जाती हैं, उनका प्रकाशन व्यक्तिगत प्रकाशकों द्वारा बहुत ही निन्दनीय है। यह एक प्रकट रहस्य है कि किस प्रकार घूसखोरी इस पुस्तक चुनाव के सम्बन्ध में की जाती है। हरेक व्यक्तिगत प्रकाशक के ऊपर बड़ा भारी उत्तरदायित्व है। अतएव यदि किसी शिक्षा-सम्बन्धी संस्था में किसी प्रकार की अपवित्रता पाई जाय तो उसके लिए कठिन दण्ड देने में आनाकानी न करनी चाहिए। शिक्षा विभाग लेखकों का एक समूह रख सकता है और योग्य लेखकों को उचित पारिश्रमिक भी दे सकता है। जितनी किताबें प्राइमरी और उच्च स्कूलों के लिए स्वीकृत हों, उन्हें शिक्षा विभाग ही प्रकाशित करे। विश्वविद्यालय अपने पाठ्यक्रम के सभी विषयों की पुस्तकें प्रकाशित करे। हाँ, केवल उन विषयों की पुस्तक जो किन्हीं खास विषयों पर लिखी गई हैं और जिनके लेखक विश्वविद्यालय की अधीनता में नहीं हैं, बाहर से मँगाई जा सकती हैं।

नीचे मैं उन सुधारों का सारांश लिख देता हूँ जिन्हें भिन्न-भिन्न शिक्षा-विद्यालयों में प्रचलित करने की नितान्त आवश्यकता है।

प्रारम्भिक शिक्षा—(१) छह वर्ष का पाठ्य-क्रम (७ से १२ वर्ष की अवस्था तक), (२) निःशुल्क और अनिवार्य, (३) लड़कियों और लड़कों की सह-शिक्षा, (४) अनिवार्य शारीरिक श्रम (खोदना और ढोना), (क) प्रथम से चतुर्थ वर्ग तक प्रति सप्ताह ३ घण्टे, (ख) पाँचवें और छठे वर्ग के लिए ४ घण्टे प्रति सप्ताह, (५) पाँचवें और छठे वर्ग के लिए कुछ खेती और घरेलू विज्ञान के पाठ, (६) फौजी कवायद प्रति सप्ताह दो घण्टे, (७) राष्ट्रीय और नैतिक शिक्षा (धार्मिक शिक्षा के बदले में)।

माध्यमिक शिक्षा—(अ) हाई-स्कूल – (१) चार वर्ष के पाठ्य-क्रम (१३ से १६ वर्ष), (२) अनिवार्य शारीरिक श्रम (खोदना और ढोना) छह घण्टे प्रति सप्ताह-मातृ-भाषा माध्यम के रूप में और अंग्रेजी दूसरी अनिवार्य भाषा के रूप में, (३) प्राचीन भाषा में वैकल्पिक विषयों में एक, (४) अतिरिक्त गणित और विज्ञान की शिक्षा का विशेष प्रबन्ध, (५) फौजी कवायद प्रति सप्ताह २ घण्टे, (६) कैम्प- जीवन का श्रम (निःशुल्क हर साल १ मास), (७) प्रथम श्रेणी में पास करने वाले पिछड़े वर्ग के छात्रों को छात्रवृत्ति।

(आ) **कृषि स्कूल**—(१) हर जिले में एक, (२) प्राइमरी वर्ग परीक्षोत्तीर्ण छात्रों का प्रवेश, (३) नियमित विद्यार्थियों का ४ वर्ष का कोर्स-विशेष शिक्षा के लिए छह महीने, (४) खेती की व्यावहारिक शिक्षा, (५) बागवानी, रेशम के काम, मक्खन निकालने का काम, मुर्गी पालने का काम, (६) कैम्प-जीवन श्रम (निःशुल्क) प्रतिवर्ष १ मास, (७) माध्यम मातृभाषा, अंग्रेजी अनिवार्य दूसरी भाषा , (८) फौजी कवायद प्रति सप्ताह २ घण्टे (९) (अ) के मुताबिक छात्रवृत्तियाँ।

(इ) **व्यावहारिक**—(१) प्रत्येक कमिश्नरी में एक स्कूल, (२) चार वर्ष का कोर्स, (३) रेशम, सिलाई, बढ़ईगीरी, चीनी मिट्टी के पात्र, चर्मकार्य, काँच और द्रव्य का काम, कागज बनाना, कल-काँटे का काम और व्यावहारिक रसायन शास्त्रादि विषय |

(ई) **गाँवों का ढाँचा बनाना इत्यादि**—(१) प्रवेश आठवें वर्ग पास, (२) अनिवार्य शारीरिक श्रम (खोदना और ढोना) प्रति सप्ताह छह घण्टें, (३) कैम्प-जीवन श्रम (निःशुल्क) प्रति वर्ष १ मास, (४) फौजी कवायद हफ्ते में दो घण्टे, (५) मातृ-भाषा माध्यम और अंग्रेजी दूसरी अनिवार्य भाषा, (६) (अ) समान छात्रवृत्तियाँ।

विश्वविद्यालय की शिक्षा—(१) भविष्य में उपयोगिता के अनुसार विषयों का सामूहिक विभाग, (२) अनिवार्य शारीरिक श्रम (खोदना और ढोना) हफ्ते में ६ घण्टे, (३) कैम्प-जीवन श्रम (निःशुल्क) प्रतिवर्ष एक मास, (४) राईफल चलाना और दूसरी फौजी कवायद दो घंटे प्रति सप्ताह, (५) औद्योगिक और सामाजिक विज्ञानों के पढ़ने के लिए विशेष प्रबन्ध, (६) राजनैतिक विचार और उनके अभिव्यंजन की स्वतंत्रता, (७) माध्यम मातृभाषा, अंग्रेजी दूसरी अनिवार्य भाषा, (८) विज्ञान के स्नातक कानून न पढ़ें और दूसरे पेशे भी न करें जिनसे उनका ज्ञान व्यर्थ जाय, (९) वैतनिक चांसलर आवश्यक गुणों के साथ, (१०) प्राचीन भाषाओं के प्रथम चार वर्गों में अध्ययन के लिए शिक्षकों को अंग्रेजी ज्ञान की जरूरत नहीं, (११) जो प्रोफेसर आनर्स और पोस्ट-ग्रेजुएट क्लासों में पढ़ाते हैं, उनको अन्वेषण-सम्बन्धी लेख लिखना जरूरी है, (१२) प्रोफेसरों की नियुक्ति स्पर्धा परीक्षाओं के द्वारा हो, (१३) उन पिछड़ी हुई जातियों को वृत्तियाँ दी जायँ जो मैट्रिकुलेशन परीक्षा में प्रथम श्रेणी में उत्तीर्ण हों।

***

५

नव-निर्माण

साम्यवादी समाज का आर्थिक निर्माण नई तरह से करना चाहते हैं और वह निर्माण रफू या लीपा-पोती करके नहीं करना होगा। एक तरह से उसे नई नींव पर दीवार खड़ी करके करना होगा। भारत की साधारण जनता की गरीबी इतनी बढ़ी हुई है कि उसके लिए अनन्त की ओर इशारा नहीं किया जा सकता। हमें अपने काम में तुरन्त जुट जाना चाहिए। पिछले चुनाव में जनता के सामने जो कार्यक्रम रखा गया है, यद्यपि उसमें नव-निर्माण उतना आगे तक नहीं है; जितना कि साम्यवादी चाहते हैं, लेकिन देखने में आ रहा है कि हमारे नेता लोग उस हल्के भाग को भी बहाना करके टाल देना चाहते हैं। जिसके वोट पर कांग्रेस के लोग चुनाव-युद्ध में विजयी हुए और गवर्नमेन्ट की बागडोर उनके हाथ में आई, अब वे कह रहे हैं कि वे उन किसानों के ही प्रतिनिधि थोड़े हैं, उन्हें जमींदारों का भी खयाल होगा। शायद उनको यह पता नहीं है कि जिन किसानों ने उन्हें यह विजय और अधिकार दिया, चार वर्ष बाद फिर उन्हें उन्हीं के सामने जाना है। उन्हें शायद यह खयाल होगा कि कांग्रेस का संगठन उनके हाथ में है। किसानों को तो क्रांति की कुछ गरम-गरम बातें अपनी वर्तमान कठिनाइयों और कुछ भविष्य के प्रलोभन देकर भुलवाया जा सकता है और किसान कार्यकर्ताओं को हम कांग्रेस के भीतर कुछ गड़बड़ करने का मौका ही नहीं देंगे। कुछ चीं-चपड़ करेंगे तो उन्हें 'डिसिप्लिन' का डर दिखायेंगे। एसेम्बली और कौन्सिल के किसान पक्षी मेम्बरों को साम, दाम देकर एक साथ मिलने नहीं देंगे, प्रस्ताव की अधिकता और भाषाओं की भरमार का डर दिखलाकर हरेक काम को कार्यकारिणी और फिर मन्त्रियों के हाथ में सौंपकर सब काम अपने हाथ में ले लेंगे।

इस तरह चार वर्ष बाद फिर हम उसी शान से किसानों के सामने जायेंगे. जैसे कि पिछले चुनाव में गये थे। लेकिन उनको खयाल रखना चाहिये कि किसानों की कठिनाइयाँ काल्पनिक नहीं हैं।

जीवन की अत्यन्त उपयोगी सामग्रियों से हिन्दुस्तान के किसान कितने वंचित हैं, इसकी दुनिया में मिसाल नहीं। लड़कों की शिक्षा, शादी-ब्याह, कर्ज, भेंट, बेगार, पचासों ऐसी चिन्ताएँ हैं जो किसानों के दिल में भूसे के भीतर आग की तरह सुलगती रहती हैं। चिकनी-चुपड़ी बातों से आप किसानों को भुलावा नहीं दे सकते और किसान कार्यकर्ता भी न ऐसे भोले भाले हैं, न ऐसे स्वार्थ और मान के पीछे मरने वाले हैं कि आपके चकमों में आ जायेंगे।

आपको किसानों के प्रोग्राम में शायद दिल से भी हिचकिचाहट है। हम यह तो नहीं कहते कि मन्त्री लोग, जिनमें अधिकांश जमींदार हैं, अपने स्वार्थ के लिए टालमटोल करना चाहते हैं। लेकिन शायद आप लोगों को जमींदारों के संगठन का भय हो। शायद आप अपर कौन्सिल के वोट से डरते हों, जहाँ पर कि जमींदारों के बहुमत का डर है और इसीलिए आप समझौता करना चाहते हैं कुछ ऐसी बातें हैं जिन पर समझौता करके किसानों को आप अपना कट्टर दुश्मन बना लेंगे। भावली, दानाबन्दी, सर्टिफिकेट और सलामी में तो समझौता हो ही नहीं सकता। उन्हें तो कलम की एक नोक से काट देना होगा। अगर कौन्सिल से नहीं पास होता तो और दूसरे रास्ते हैं, उन्हें आप अख्तियार करें। खेती की आमदनी के लिए जमींदारों पर जो टैक्स बैठाना चाहते हैं, उसमें भी आपको नरमी से काम नहीं लेना होगा।

५ हजार आमदनी वाले जमींदारों को आप इस टैक्स से बरी कर सकते हैं, क्योंकि जिसे ५ हजार की आमदनी है और घर में आठ-दस व्यक्ति हैं, उसके लिए व्यक्ति पीछे हजार-आठ सौ रुपये साल की आमदनी पड़ जाती है। हाँ, उसे भी इसके लिए तो जरूर तैयार करना होगा कि लगान की शरह जहाँ अधिक हो, वहाँ कम की जाय। हरेक खेत का दर्जा सर्वे में बँधा हुआ है। उस दर्जे के मुताबिक आप महत्तम और लघुत्तम शरह बाँध दें और उसके अनुसार सभी छोटे-बड़े जमींदारों को चलने के लिए मजबूर करें। लेकिन ५ हजार से जिनकी आमदनी ज्यादा है, उन पर इन्कम टैक्स लगाना चाहिए। और एक लाख से ५ लाख वालों तक को ३० सैकड़ा से कम नहीं होना चाहिये। पाँच से दस लाख तक ४ सैकड़ा, १० से २० लाख तक पचास सैकड़ा और २० लाख से ऊपर वालों से कम हर्गिज टैक्स नहीं लेना चाहिये। हमारे मन्त्री लोग इस इन्कम टैक्स से ३-४ लाख की आशा रख रहे हैं। डेढ़ करोड़ की आमदनी तो सिर्फ बिहार के चार-पाँच जमींदारों को ही हो जाती है। ८० लाख तो आप उन्हीं से ले सकते हैं। आपका दिल अगर कमजोर है, हाथ काँपता है, तो उसे स्पष्ट क्यों नहीं कहते? अपर चैम्बर से डरने का बहाना क्यों करते हैं जब कि आपने गवर्नर से इन्हीं सब बातों के लिए आरम्भ में ही झगड़ा कर लिया था। आपको न जमींदारों की पर्वाह करनी होगी और न गवर्नर के नाराज होने की। आप अपने प्रस्ताव और बिल को निधड़क होकर रखें। अगर कौन्सिल उसे इन्कार करती है तो गवर्नर कौन्सिल और असेम्बली दोनों की सम्मिलित बैठक करने को मजबूर करें। यदि यह नहीं होता है, तो नया चुनाव करवाएँ और उस चुनाव में इन्कम टैक्स ही नहीं, जमींदारी प्रथा को उठाना अपना प्रोग्राम रखें। फिर कौन्सिल में आयें और फिर उसी उत्साह के साथ अपने प्रोग्राम को रखें। जमींदारों और किसानों का स्वार्थ इतना एक-दूसरे के विरुद्ध है कि उसे आप एकानूत कोठरी में जमींदारों से घुल-मिल कर बात करके या अमुक 'सर' और अमुक 'नारायण सिंह' की चाय पार्टी में तय नहीं कर सकते। वह समय दूर नहीं है जब कि किसान, जो आपके वास्तविक मालिक हैं, आप को हुक्म देंगे कि आप किसी बड़े जमींदार और राजा-महाराज से मिलने-जुलने और चाय-पान करने से वैसे ही अलग रहें, जैसे पहले कांग्रेस हुक्म

से सरकारी हाकिम उनकी चाय-पार्टियों से अलग रखे गए। यह कितनी शर्म की बात है कि वोट तो लें आप किसानों से, अधिकार तो मिले आपको किसानों के बल पर और कहें कि हम अब तो गवर्नमेन्ट हैं, किसी एक पार्टी के थोड़े हैं। इसी बात को, अगर हिम्मत है तो लोगों के सामने आप खुली तौर से कहें और तब किसान बतला दें कि अगर आप मध्यस्थ हैं, तो किसानों के वैसे ही दुश्मन हैं, जैसे पुरानी सरकार।

कांग्रेस-मंत्रिमण्डल, डिस्ट्रिक्ट बोर्ड और कौन्सिल में शायद बालिग को वोट का अधिकार देना नहीं चाहता। म्युनिसिपैल्टियों और डिस्ट्रिक्ट बोर्डों में वह सरकार की तरफ से जाने वाले आदमियों को भी जारी रखना चाहता है / पहली बात में तो बहाना किया जाता है कि वोटरों की संख्या बहुत अधिक हो जायेगी, खर्च बहुत बढ़ जायगा और प्रबन्ध करना बहुत मुश्किल हो जायगा। कांग्रेस के मंत्रियों को यह कहते हुए शर्म आनी चाहिये। आज कितने वर्षों से यही लोग इसके लिए अंग्रेजी सरकार से लड़ रहे थे। अभी-अभी उन्होंने भारत के स्वदेशी विधान के लिए बालिग वोटरों द्वारा चुनी प्रतिनिधि सभा (कान्स्टीट्यूएन्ट असेम्बली) बुलाने का प्रस्ताव पास किया। दूसरों के माथे डालना हो तो बालिग वोटरों का सिद्धान्त ठीक और जब अपने लिए आये तो उसे बेठीक कह दिया जाता है। यह अजब सिद्धान्त है। मनोनीत सभासद जब पहले सरकार भेजती थी, तो उसको हजार गालियाँ दी जाती थीं। अब इस डर से कि डिस्ट्रिक्ट बोर्डों और म्युनिसिपैल्टियों में नरमदली कांग्रेसियों के विरोधी साम्यवादी और किसानों का बहुमत न हो जाय, इसलिए मनोनीत सभासदों को अपने हाथ रखना चाहते हैं।

ये खुली बेईमानी और सिद्धान्त का खून नहीं तो और क्या है? पुराने मंत्रियों की तरह शायद हमारे नये मन्त्री भी जाति के खयाल में बहुत आगे नहीं बढ़े हैं। शायद वह अपने-अपने पिट्ठुओं और अपने रिश्तेदार और नातेदारों को दरवाजे से नहीं, तो खिड़की के रास्ते पहुँचा देना चाहते हैं। मालूम होता है, हमारे नेता लोग समझ रहे हैं कि जो चाहेंगे, वह शांतिपूर्वक कर देंगे। उनको यह मालूम नहीं है कि वे बारूद के ढेर पर हैं। एक चिंगारी उन्हें ऐसे उड़ा देगी कि कहीं एक टुकड़े का भी पता नहीं रहेगा। चुनाव सिर पर आ गया है, जल्दी में पुराने नियमों को नहीं बदला जा सकता। इस बहाने को सुनकर बुखार चढ़ आता है। कौन कहता है कि आप इसी वक्त चुनाव करें? वोटर लिस्ट तैयार हो गई है, जाने दीजिये उसे चूल्हे-भाड़ में। छह महीने बाद चुनाव कीजिये, एक बरस चुनाव कीजिये। अभी तो वर्तमान म्युनिसिपल बोर्ड और डिस्ट्रिक्ट बोर्ड हैं। उन्हें रहने दीजिये। लेकिन जब चुनाव कीजिये तो बालिग वोटरों द्वारा और मनोनीत सभासद होने की बात को हटाकर।

अभी वोटरों की ऐसी अवस्था है कि दलित जातियाँ और मुसलमानों के प्रतिनिधियों के चुने जाने में बहुत कठिनाई है। इसलिए सम्मिलित चुनाव के साथ इन दोनों वर्गों की संख्या को नियत कर देना चाहिये जिसमें किसी को लेकर प्रगति-विरोधियों को वैमनस्य फैलाने का मौका न मिले।

हमें अपने देश में नये आर्थिक निर्माण की आवश्यकता है। और उसके लिए जैसे गम्भीर विचार और विस्तृत अध्ययन की जरूरत है, उसे आज तक हमारे कांग्रेस के नेता लोग अनावश्यक समझते आये हैं। ऐसी हालत में यह असम्भव है कि वे साहस करके लम्बा कदम आगे बढ़ायेंगे। वर्तमान बजट में से २७ लाख किसी काम के लिए निकाला जा सकता है। लेकिन न कोई योजना है, न कोई विचार है, इसलिए उस २७ लाख से प्रान्त का कर्ज लेना ही नहीं है। नव-निर्माण के लिए हमें एक-एक, दो-दो नहीं, दस-दस, बीस-बीस करोड़ कर्जे की जरूरत होगी। मन्त्री हो गये, पहले के मन्त्रियों से तनख्वाह कम ले ली, इसलिए कांग्रेस के त्याग का ढिंढोरा दुनिया में पिट ही गया और चुपचाप फाइल पर दस्तखत करते जाओ।

अर्थ-विभाग और स्थानीय स्वायत्त शासन, शिक्षा और नव-निर्माण, स्वास्थ्य और आबकारी ऐसे बड़े-बड़े विभाग हैं जो जोड़ा जोड़ा करके एक-एक मन्त्री के माथे मढ़ दिये गये हैं। भला इन मन्त्रियों के पास फाइल पर दस्तखत करने के बाद समय ही कहाँ रह जायगा? कब वह अपने विषय पर नये साहित्य पढ़ेंगे और कब उस पर नये तौर पर विचार करेंगे? बस उनके लिए तो एक ही रास्ता है कि उनके नीचे के जो ऊँचे अधिकारी हैं, वह उनके लिए पढ़ने-सोचने का काम करें और जैसा वह कहें, वैसा ही मान लें। अभी से देखने में आ रहा है कि जनता की किसी कठिनाई को जब मन्त्री के सामने पेश किया जाता है तो अपने नीचे के उच्च अधिकारियों को अपना वकील बनाकर वह सामने बैठा देता है। इन उच्च अधिकारियों ने कुछ पढ़ा-लिखा जरूर है, लेकिन उनका ज्ञान सिर्फ कागज का ज्ञान है। नव-निर्माण धरती की बात है, किताब की बात नहीं। किताब से सिद्धान्त मालूम हो सकते हैं। और ये सिद्धान्त भी धरती से पैदा किये गये हैं, यद्यपि दूसरे देश, दूसरी-आब- हवा और दूपरे समाज में। किन्तु वे सिद्धान्त तब तक बेकार हैं जब तक वह हमारी धरती हमारे देश, हमारी आब- हवा और हमारे समाज से मिलकर फिर इन्हें नया न कर लिया जाय। क्या जरूरत है कि चार ही मन्त्री बनाये जायँ? यह दिखलाने के लिए कि दो ही हजार में हमारे मन्त्री काम कर लेते हैं? अगर चार हजार लगता हो और उससे फायदा कई गुना ज्यादा हो तो इस दो हजार की कमी से फायदा? आपने क्यों नहीं आठ मन्त्री रखे? क्यों न एक-एक विभाग एक मन्त्री को दिया जाय जिससे उनके ऊपर फाइल बोझ कम होता और उन्हें कुछ लिखने-पढ़ने और सोचने-समझने का मौका मिलता। कहते हैं, चार से आठ करने में कितने ही लोग झगड़ा करने के लिए तैयार हो जाते हैं। झगड़ा क्या खाक पैदा करते? झगड़ा तो तब पैदा होता है जब कि योग्यता हो या न हो, लेकिन हरेक नेता अपनी जाति के लोगों को भरना चाहता है। दलित और मुसलमान के प्रतिनिधि को रखना तो इस दृष्टि से जरूरी है कि उस वर्ग के राष्ट्र-विरोधियों को वैमनस्य पैदा करने का मौका न मिले।

लेकिन राजपूत और ब्राह्मण, कायस्थ और भूमिहार में इस जाति के खयाल करने की क्या जरूरत? झगड़े की जड़ खुद ही आप तैयार करते हैं और फिर उसी का बहाना बनाकर

गलत रास्ता पकड़ते हैं। जब तक कांग्रेस के नेता जात-पाँत के खयाल को नहीं छोड़ते हैं, तब तक यह बुराई दूर ही नहीं हो सकती। वे राष्ट्र-निर्माण पर बड़े हल्के दिल से सोचते हैं। वे समझते हैं कि हम अपनी-अपनी जाति के अगुवा भी बने रहेंगे और राष्ट्र के भी। इस खयाल को उन्हें छोड़ देना पड़ेगा। नेताओं के लिए सबसे अच्छा रास्ता यह है कि सभी कांग्रेस नेता जात-पाँत तोड़कर आपस में शादी-ब्याह का सम्बन्ध जोड़ें।

जब भूमिहार का समधी राजपूत होगा और कायस्थ का दामाद ब्राह्मण होगा तो ये झगड़े रहेंगे ही नहीं। आप अपनी हजार बरस की बेवकूफियों को साथ लेकर हमारी आजकल की जटिल समस्याओं को हल करना चाहते हैं, सो नहीं होगा। कमजोरियाँ आपके भीतर पड़ी हुई हैं। बाज वक्त आप उनके अस्तित्व का अनुभव भी करते हैं। फिर सोच लेते हैं, यह तो वैयक्तिक है। चाहे आप ब्रह्मचारी हों या नहीं, चाहे शराबी हों या परहेजगार, चाहे मांसाहारी हों या शाकाहारी, आपके राष्ट्रीय कार्य से उसका कोई उतना सम्बन्ध नहीं। लेकिन छोटे-छोटे स्वार्थों के लिए भीतर की गुटबन्दी, जात-पाँत का खयाल, नौकरियों के दिलाने और सभासदों के मनोनीत करने में यदि आप कुपथ ग्रहण करते हैं, तो राष्ट्र के लिए यह सबसे बड़ा पाप है। जात-पाँत का खयाल हमारी कांग्रेस की संस्थाओं में सबसे बड़ी हानिकारक चीज है और इस भयंकर बीमारी में हमारे छोटे-छोटे कार्यकर्ता ही नहीं फँसे हुए हैं, इसमें तो चोटी के नेता लोग भी शामिल हैं और वही हमारे राजनैतिक जीवन की सबसे बड़ी गन्दगी है। नौजवानों को इस बारे में अपनी राय पक्की कर लेनी चाहिये और बिना किसी मुलाहजा-मुरौवत का खयाल किये इसका विरोध करना चाहिये। अभी तक तो हमारे सभी राजनैतिक प्रोग्राम कल्पना जगत् में थे। लेकिन अब तो ठोस धरती पर आ गये हैं। कांग्रेस के नेताओं के हाथ में सरकार की बागडोर है।

यदि यह खयाल ऐसा ही बना रहा तो यदि कांग्रेस को तबाह न कर देगा तो कमजोर और बदनाम जरूर कर देगा। लोग जात-पाँत का ख़याल करके अपने लायक भाई-बन्धुओं को नौकरी दिलवायेंगे और बदनाम होगी कांग्रेस। पिछले मन्त्रियों ने ऐसी बहुत-सी बेईमानियाँ की हैं। कितने ही निकम्मे आदमियों को प्रोफेसर और डाक्टर जैसे दायित्वपूर्ण पदों पर नियुक्त कर दिया गया है। वहाँ जाकर वे मोटी-मोटी तनख्वाहें लेते हैं, बैठे-बैठे मक्खियाँ मारते हैं और यदि कुछ और करते हैं तो चापलूसी, घूसखोरी, पक्षपात और सामाजिक वैमनस्य का फैलाव। यदि काग्रेस वाले इन वैयक्तिक स्वार्थों को सामने रखेंगे तो जैसे डिस्ट्रिक्ट बोर्डों और म्युनिसिपैल्टियों के रुपये बेईमान मेम्बर और धोखेबाज ठेकेदारों द्वारा उड़ाये जाते हैं, वही बात सरकार में होगी। म्युनिसिपैल्टियों और डिस्ट्रिक्ट बोर्डों में देखते नहीं हैं, आज ५० हजार रुपया लगाकर एक मील की सड़क बनती है और तीन महीने बाद उसमें गड्ढे पड़ जाते हैं। ईंटों की रोड़ी बिछा दी गई, उसे कुछ थाप-थूप दिया गया और यदि शहर और कस्बे की बात हुई, तो उस पर कुछ पीपे कोलतार के भी लुढ़का दिये गये। ओवरसियर और इंजीनियर आँख से सारी

बेईमानी को देखते हैं, लेकिन तब भी रिश्वत के लाभ से या मेम्बर या चेयरमैन के डर से ठेकेदार के पक्ष में अपनी रिपोर्ट दे देते हैं।

जहाँ देखिये, वहीं रिश्वत, नजराना, गन्दगी, सिफारिश का ही बाजार गर्म है। और कांग्रेस वालों ने जाकर अगर जात-पाँत के खयाल को न छोड़ा तो उसमें कोई सुधार होने की नौबत नहीं, क्योंकि सुधार एक मोटे तौर से सिद्धान्त पर लेक्चर देने से थोड़े ही होगा। गन्दगियों के हटाने के लिए कभी कायस्थ भाई को हेड क्लर्की से बर्खास्त करना पड़ेगा, कभी किसी भूमिहार भाई को डिप्टी सुपरिंटेंडेंटी से जवाब देना पड़ेगा, सभी नालायक, जो किसी न किसी तरह से अपनी जगहों पर पहुँच गये हैं, अगर सारी रिश्वत और शैतानी करते जा रहे हैं, वे आखिर किसी न किसी मन्त्री या मेम्बर के जाति भाई ही होंगे। ढूँढ़ने-ढाँढ़ने पर कोई न कोई उनका रिश्ता भी साबित हो जायेगा। यह जात-पाँत, खयाल रखिये, कोई भी सुधार नहीं होने देगी। बल्कि पहले तो हरेक विभाग के मुखिया अंग्रेज होते थे और उनके भाई-बन्धुओं की संख्या हिन्दुस्तान में बहुत कम थी। इसलिए बहुत बार वे योग्यता का भी खयाल रखते थे। और अब, जब सभी विभागों के अध्यक्ष भारतीय हैं और उन्हीं के भाई-बन्धु सरकारी नौकरियों, सार्वजनिक संस्थाओं में बैठे सभी गंदगियों को फैला रहे हैं, उनका हटाना कैसे सम्भव होगा, यदि जाति का खयाल नहीं हटा।

हमारे कांग्रेसी नेता और मन्त्री लोग हमें क्षमा करेंगे, यह कड़ी सच्चाई कहने के लिए। लेकिन जिस खतरे की तरफ उनका रुख है, यदि उसे रोकने के लिए यह नहीं किया गया, तो यह देश के लिए हानिकारक बात होगी।

संक्षेप में मंत्रियों को चाहिये कि किसानों के हक के लिए लड़ें और जमींदारी प्रथा को जल्दी से जल्दी उठवायें। सरकारी नौकरियों और सार्वजनिक संस्थाओं में जितनी गन्दगियाँ हैं, उनके पीछे लाठी लेकर पड़ें। बालिग वोटरों द्वारा चुनाव और मनोनीत सभासदों को रोकना निश्चित करें। यदि ऐसा न करेंगे, तो कांग्रेस में फूट होना निश्चित है। किसान, मजदूर और साम्यवादी महज कांग्रेसियों के गुलाम नहीं हैं जो हरेक बात में उनकी 'हाँ' में 'हाँ' मिलाते रहें।

***

६

जमींदारी नहीं चाहिए

शुक्रवार (अगस्त, १९३१) को बिहार के जमींदारों की जो सभा हुई थी, वह उनकी उपस्थिति और उत्साह की दृष्टि से अभूतपूर्व थी। 'इण्डियन नेशन' अनुसार 'प्रान्त' के प्रत्येक कोने से सैकड़ों की संख्या में जमींदार आये थे और बहुत बड़ा हाल और बाहर का ओसारा ठसाठस भरे हुए थे। बड़े-बड़े उपाधिधारी राजा और महाराजों के साथ छोटे से छोटे जमींदार भी कन्धे से कन्धा भिड़ाकर जमींदारों की उन बहुसंख्यक समस्याओं को हल करने के लिए उत्सुक थे जो आज उस समूचे वर्ग के सामने उपस्थित हैं। उद्देश्य की महत्वपूर्ण एकता उनमें दृष्टिगोचर हो रही थी जिसने एक सामान्य भय की छाया के कारण समुदाय, जाति और सम्प्रदाय के सभी बंन्धनों को छिन्न-भिन्न कर दिया था।

अब तक बिहार के जमींदार अपने अन्य प्रान्त के भाइयों के समान अपने समय की सरकार की शक्ति की बहुत आशा रखते थे, क्योंकि कांग्रेस का आदर्श और इसका कार्यक्रम उनके लिए एक ऐसा स्वप्न था जो कभी पूरा होने वाला न था। इसलिए स्वयं जमींदारों में ही अपनी सभा के सदस्य बनने में भेदभाव था। छोटे जमींदारों को बड़े जमींदार अपने में गिनते ही न थे। 'इस जमाने में जमींदार सभा' केवल महाराजों, राजों और बड़े-बड़े जमींदारों की थी। वे अपने वर्ग में भी समानता का स्वप्न नहीं देखते थे। अब उनके सभापति का यह कहना बहुत अनुचित मालूम होता है, 'इस शोचनीय अवस्था का एक सबल कारण यह भी है कि हम उस प्रजातन्त्र के भाव को, जिसकी तरफ देश बढ़ रहा है, समझने में असमर्थ रहे हैं।'

भारतवर्ष में प्रजातंत्र के लिए वे उपयुक्त दिन नहीं थे। प्रजातंत्र का प्रचार करना निर्दोष काम नहीं समझा जाता था। उस समय जमींदारों ने अपने स्वार्थ-साधन के लिए जो उचित समझा, उसका उत्साह से सम्पादन किया। यह कहना बिलकुल सच नहीं है कि बहुत वर्षों तक हम लोग राजनैतिक आन्दोलनों के केवल मौन दर्शक मात्र थे, क्योंकि हम लोगों को गत सरकार की प्रतिज्ञाओं में आत्मरक्षा का विश्वास था। अतएव हमें प्रतिदिन अपनी पुरानी परम्परा और कानून के अनुसार कार्य करने में ही सन्तोष रहा। जमींदार केवल मौन दर्शक ही नहीं थे, वे राजनैतिक आन्दोलनों के समय सरकार के सक्रिय समर्थक भी थे वे अमन सभाओं के संस्थापक एवं संचालक थे और जन एवं धन थे। स्वतन्त्रता के आन्दोलनों को कुचल

डालने में पुलिस के सहायक थे। जंब गोलियाँ चलती थीं, तब भी वे मरे और घायल मनुष्यों के बगल में नहीं दिखाई पड़ते थे, वरन् इसके प्रतिकूल वे पुलिस का ही भोजन और पान से सत्कार करते हुए पाये जाते थे। निस्सन्देह 'देशभक्ति किसी विशेष समुदाय या वर्ग की ही वस्तु नहीं है।' किन्तु जमींदार अपने स्वार्थ के कारण राष्ट्रीय आन्दोलन में भाग लेने से बिल्कुल ही पृथक् रहते थे। यद्यपि देश के असंख्य निवासियों के लिए स्वतंत्रता का आन्दोलन अत्यन्त आवश्यक था और जिसमें जमींदारों को पूर्ण रूप से भाग लेना चाहिये था, किन्तु अब तो उनका भाग लेना एक आवश्यक काम हो गया है।

जमींदारों की ओर से बहस करते हुए महाराजाधिराज कहते हैं, 'हमको विश्वास है कि हमारे प्रधानमंत्री इस बात को स्वीकार करेंगे कि जमींदारों ने भी देश की उन्नति में गत वर्षों में भाग लिया, क्योंकि हम लोग विदेशी नहीं हैं और हमारा सुख और दुःख देश के सुख और दुःख पर निर्भर करता है। ' जमींदारों ने भाग लिया है? और किसमें? क्या देश की उन्नति में? सचमुच ही यह कहना बहुत साहस का काम है, विशेषकर उस समुदाय का जो सदैव विदेशी शासकों के साथ रहा और जिसके स्वार्थ के लिए उसका जन्म हुआ था। उन लोगों ने अगर कुछ किया है तो अपने स्वार्थमय उपभोगों में तल्लीन रहे हैं और लोगों के कष्ट में वृद्धि की है। क्या जमींदारों ने बिहार की राष्ट्रीय कला में मदद पहुँचाई है? क्या उन्होंने राष्ट्रीय संस्कृति की अभिरुचि उत्पन्न की है? वे कहते हैं कि वे नृत्य और संगीत के बड़े संरक्षक रहे हैं, किन्तु उनकी संरक्षकता क्या कला के निमित्त थी? ऐसे लोगों से कला और साहित्य की उन्नति की आशा रखना बिल्कुल व्यर्थ है।

जमींदारी प्रथा को उठा देने में प्रतिकूल बहस करते हुए महाराजाधिराज ने कहा, "मैं इस सिद्धान्त को मानने के लिए तैयार नहीं कि जमींदारी प्रथा नाश कर देने से किसानों का हित होगा। जमींदारी प्रथा बहुत विचार के बाद आरम्भ की गई थी और इसको उठा देने से प्रान्त का सारा सामाजिक एवं आर्थिक संगठन कड़कड़ाकर चूर्ण हो जायेगा। इस प्रकार की चेष्टा से अव्यवस्था एवं अशांति फैलेगी तथा जमींदारों और किसानों की ही भयावह परिस्थिति हो जायगी।" निस्सन्देह जमींदारी प्रथा के नशे से किसानों की आर्थिक एवं मानसिक अवस्था सुधर जाएगी। जमींदारी प्रथा गरीब किसानों की हीनावस्था का प्रधान कारण है। गाँवों में गरीब लोगों के असंख्य दुःख के कारण हैं। जमींदारों के सामने उनकी अवस्था गुलामों से बढ़कर नहीं है। जमींदारों की आज्ञा पाते ही उनको बेगार करनी पड़ती है और यहाँ तक कि उनका जीवन और प्रतिष्ठा भी प्राय: जमींदारों की विषय-वासना और क्रोध से सुरक्षित नहीं है। यदि जमींदारी प्रथा में कोई और बुराई न होती तो भी लोगों में इतनी नीच मनोवृत्ति पैदा करना ही इसके नाश करने के लिए काफी कारण था।

यह सबको अच्छी तरह मालूम है कि जमींदारी प्रथा ईस्ट इण्डिया कम्पनी ने अपनी मालगुजारी वसूल करने के लिए कायम की थी, क्योंकि उन झंझटों के जमाने में किसानों से

लगान वसूल करना कठिन था। जमींदारी प्रथा न तो किसानों की आर्थिक भलाई के लिए और न देश की भलाई के लिए कायम की गई थी। इन जमींदारियों से यह बात सिद्ध हो चुकी है कि वह जमीन पर व्यर्थ का भार है, क्योंकि जमीन इतनी बड़ी जनसंख्या का पालन करने में असमर्थ है। पूँजीपतियों को तो अपने कल-कारखानों के प्रबन्ध में कुछ काम भी करना पड़ता है, किन्तु जमींदारों को तो अपनी आमदनी हासिल करने में कुछ भी नहीं करना पड़ता। इतनी आमदनी नियत है और सदैव इनकी इच्छा पर निर्भर है। इन बड़े जमींदारों के सम्बन्ध में पाश्चात्य शिक्षा हानि पहुँचाने वाली ही हुई है, क्योंकि पाश्चात्य जमींदारों में भी जो कुछ बुराइयाँ प्रचलित हैं वे इनमें भी प्रवेश कर गई हैं। जमींदार आलसी और दूसरों के श्रम पर निर्भर करने वाले के सिवाय कुछ नहीं हैं। सच पूछिये तो जमींदारी प्रथा न तो सामाजिक और न आर्थिक दृष्टि से ही उचित ठहराई जा सकती है। जब जनता के सुख के सामने कोई विघ्न आता है तो उसका नाश करना आवश्यक है। अव्यवस्था और अशान्ति का भय भी उन कार्यकर्ताओं को, जो अपने लक्ष्य पर पहुँचने का दृढ़ निश्चय कर चुके हैं, भयभीत नहीं कर सकती। अव्यवस्था और अशांति की धमकी उस समाज की जिसकी संख्या (गणना) बिल्कुल ही तुच्छ जैसे कि बिहार के जमींदारों की है और जिनके पास न तो नैतिक और न राजनैतिक शक्ति है, विचित्र है और उस वर्ग के लिए आत्मघातिनी है। हम यह जानते हैं कि हमारे प्रान्त में कुछ ऐसे जमींदार हैं जिन्होंने गत चुनाव के समय बहुत कुछ अशान्ति से काम लिया और अपना जमींदारी रोब-दाब अब भी जारी रखना चाहते हैं।

लेकिन उनको यह समझ लेना चाहिये कि ऐसा करना उनकी मृत्यु का कारण होगा। उनको यह जान लेना चाहिये कि केवल प्रार्थना और विनम्रता से ही उन्हें कुछ साँस लेने की जगह मिल सकती है। क्या उन लोगों ने अभी यह नहीं समझा है कि उस वर्ग का समर्थन उन्होंने खो दिया जो आज तक उनका समर्थन करता आया है? इसमें शक नहीं कि उनके पास रुपये की शक्ति है, किन्तु यदि इसे वे देश की उमंगों को कुचलने में खर्च करेंगे तो यह भी उनके पास नहीं रहने पायेगी। उनके सभापति ने कहा, "हम लोग आसानी से अपने न्यायपूर्ण अधिकारों को किसी वर्ग की चाह की प्रतिष्ठा करने के लिए नहीं छोड़ सकते, चाहे वह वर्ग कितना ही बहुसंख्यक और चिल्लाने वाला क्यों न हो।" यह जमींदारों की एक दूसरी विनम्र पर जोरदार धमकी है। कृपया वे यह तो बतलायें कि उनके न्यायपूर्ण अधिकार कौन से है? उन्होंने अपने मालिकों के लिए उपयोगिता का जीवन बिताया है, अब मालिकों में परिवर्तन हो गया। अब वे फिर अपने अस्तित्व को न्यायपूर्ण सिद्ध करें। इस वर्ग के जितने पुरुष या स्त्री हैं, उनका अस्तित्व केवल समाज की दया ही पर निर्भर है।

देर करने की चालें व्यर्थ हैं

देर करने की चालें न चलेंगी। अपर चैम्बर से उन्हें बहुत आशा न रखनी चाहिये। सबसे पहले तो अपर चैम्बर को सरकार के किसी प्रस्ताव को अनिश्चित काल तक स्थगित करने का अधिकार नहीं है। उनको निर्दिष्ट समय के भीतर किसी बात का निपटारा कर देना होगा, नहीं तो शीघ्र ही दोनों कौन्सिलों की सम्मिलित बैठक होगी। अगर यह भी मान लें कि अपर चैम्बर की चालें सफल हो जायँ तो भी सरकार इसको चुपचाप बर्दाश्त न कर लेगी वह दूसरा चुनाव करवा सकती है जिसमें जमींदारों की बुरी गति होगी।

दूसरी बात यह याद रखने की है कि कांग्रेस छोटे जमींदारों के साथ बड़ों से बिल्कुल भिन्न व्यवहार करना चाहती है। छोटे जमींदार जिनकी आमदनी १०,००० से कम है, वर्तमान सरकार के हाथों से बड़े जमींदार की अपेक्षा बहुत अच्छे व्यवहार की आशा रख सकते हैं। उन्हें कृषि-टैक्स का भय न होना चाहिये। दूसरी तरफ उनको रैयतों का खयाल रखना चाहिये और सरकार को किसानों की दशा सुधारने वाले कानूनों से सहायता पहुँचानी चाहिये। कला-कौशल सम्बन्धी जो नई योजनाएँ तैयार हो गईं, उनमें उन्हें भविष्य के लिए बहुत कुछ सुअवसर प्रदान किया जायगा। जब समाज की सम्पत्ति का राष्ट्रीय या सामाजिक रूप देने का भी मौका आयेगा, तो यह विचार किया जायगा कि इनके द्वारा छोटे जमींदारों को विशेष कष्ट न पहुँचे, किन्तु यदि ये बड़े जमींदारों के द्वारा बहकाये जायेंगे, जो कि अब तक उनको अपने बराबर नहीं मानते थे, तो इसका आवश्यक परिणाम इन्हें भोगना होगा। अगर छोटे जमींदार विचारपूर्वक अपने भविष्य को सोचेंगे, तो उन्हें यह पता चल जायगा कि उनका हित है। कांग्रेस-मन्त्रिमण्डल जनता के हित के लिए जो कुछ कानून बनायेगा, उसी के समर्थन में। जमींदारों को यह आशा नहीं रखनी चाहिये कि वे कांग्रेस में किसी तरह का भेद डाल सकेंगे। बल का प्रयोग उनके वर्ग की हत्या करने वाला होगा। ऊपर की कौन्सिल में चालें चलकर वे कुछ देर करा सकते हैं; लेकिन अन्त में जो बातें मैंने कही हैं, उसमें कोई भेद नहीं पड़ेगा।

यद्यपि यह आशा करना बिल्कुल फिजूल है कि अदृष्ट रूप से ब्रिटेन की सरकार या सम्राज्यवादी उनकी सहायता करेंगे, तथापि शायद उनके हृदयों में ऐसी आशा हो, वे शायद यह सोच रहे हों कि इस विधान को उठाकर या कांग्रेस मन्त्रि मण्डल को तोड़कर वे अपने मतलब को साध सकेंगे। लेकिन वह बिल्कुल व्यर्थ है। सरकार को कांग्रेस के साथ सुलह करनी ही पड़ेगी। एक या दो बार कांग्रेस मन्त्रि मण्डल को तोड़ने से जमींदारों का उद्देश्य सिद्ध न होगा। मिस्र का वफ्द मन्त्रि मण्डल दो बार तोड़ा गया, किन्तु अन्त में ब्रिटिश सरकार को स्थायी शान्ति के लिए प्रार्थना करनी ही पड़ी और पीछे हम लोग बद नेताओं और मिस्र के प्रधानमन्त्री का ब्रिटेन के बड़े से बड़े पुरुषों द्वारा स्वागत होते पाते हैं। स्वयं ब्रिटेन ने ही मिस्र का नाम राष्ट्रसंघ में सदस्य बनाने के लिए उपस्थित किया और इस समय मित्र राष्ट्रसंघ में इंगलैण्ड और दूसरे राष्ट्रसंघ के सदस्यों के साथ बराबरी की हैसियत रखने वाला सदस्य है। मिस्र का भाग्य पहले के विद्रोही वपद के हाथ में है। ब्रिटेन की दूरदर्शिता से सब परिचित हैं

और यह सभी को मालूम है कि अभी या कुछ देर से ब्रिटेन कांग्रेस के साथ अवश्य सुलह करेगा।

सबसे अच्छा जमींदारों के लिए रास्ता यह है कि कुछ ले-देकर वे अपने हक को छोड़ दें। उस द्रव्य के साथ वे नये जीवन का आरम्भ कर सकते हैं और देश में औद्योगिक योजना में अपने रुपये लगा सकते हैं। स्वार्थ रक्षा के लिए ब्रिटेन के जमींदारों का उदाहरण देना व्यर्थ है। ब्रिटेन के अधिकांश लोग औद्योगिक क्षेत्रों में लगे हैं। कम से कम आधे किसान भी यदि औद्योगिक क्षेत्रों में रखे जा सकें तो हमारे जमींदार ब्रिटेन के जमींदार का उदाहरण दे सकते हैं। देश में औद्योगिक योजना के लिए जमींदारी प्रथा का नाश होना एक बड़ा भारी आशीर्वाद होगा, क्योंकि इस अनुत्पादन के व्यवसाय में कोई रुपया न लगायेगा; और जो रुपये मिलेंगे; वे नये और औद्योगिक व्यवसायों में लगाये जायेंगे तथा हजारों आलसी दिमाग-हाथ अपनी शक्ति राष्ट्रीय उद्योग धन्धों की उन्नति करने में लगाने के लिए बाध्य होंगे।

***

७

किसानों सावधान!

भारतीय किसानों की आर्थिक व्यवस्था कितनी गिरी हुई है, इसका पता उन्हें नहीं है। जो लोग उसकी श्रेणी से बाहर के हैं, उनको भी इसका खयाल नहीं हो सकता। हमारे किसानों की गरीबी की तुलना के लिए हमें भारत से बाहर के किसानों की आर्थिक अवस्था जानने की जरूरत है। ऐसी गिरी हुई दशा में पहुँचे हुए किसानों को कांग्रेस ने जागृति, जीवन और आत्मसम्मान का सन्देश दिया, वे जागे। वैसे तो भारत के और प्रान्तों में भी किसानों में जागृति हुई, लेकिन बिहार के किसानों की जागृति अद्वितीय है। यहाँ वे बहुत कुछ संगठित भी हैं। बिहार में बड़ी-बड़ी जमींदारियों और इस्तमरारी बन्दोबस्त होने के कारण किसानों और जमींदारों का विभाग स्पष्ट था। दोनों श्रेणियाँ अपने स्वार्थ, सुख-दुःख और सामाजिक सम्बन्ध में एक-दूसरे से इतनी भिन्न थीं कि कांग्रेस-आन्दोलन को उस विभाजक सीमा पर पक्की मुहर लगाने के लिए बहुत प्रयत्न नहीं करना पड़ा। उसे सिर्फ धूमिल बातों को स्पष्ट करा देना काफी था और वह उसने करा दिया। बिहार के किसानों की शक्ति कितनी प्रबल है, इसका खयाल शायद हमारे नेता, जो आज घुल-मिलकर बड़े-बड़े जमींदारों के साथ चाय-पानी करते तथा हाथ मिला रहे हैं, उनको भी नहीं और साधारण किसान को भी इसका पता नहीं है। हाँ, हमारे किसान-कार्यकर्ता इस शक्ति को जानते हैं और पूरी तौर से उस शक्ति का ज्ञान, तो साम्यवादियों को ही होना चाहिये और है। किसानों की कठिनाइयाँ और कष्ट काल्पनिक नहीं हैं जिनको कि आप लच्छेदार बातों या बहानों से दूर कर सकते हैं या उन्हें सन्तुष्ट कर सकते हैं। किसान धोखे में नहीं आ सकते, क्योंकि वह जीभ हिला देने या स्याही से कागज काला कर देने मात्र से सुखी नहीं किये जा सकते। १९२१ से ही उन्होंने कांग्रेस वालों के उपदेश सुने हैं और इसका भी उन्होंने कुछ ज्ञान प्राप्त किया कि कैसे वह अन्न-वस्त्रविहीन हो कष्टमय जीवन बिता रहे हैं। वे कांग्रेस के मन्त्रियों की एक भी तसल्ली देने की बात नहीं सुनेंगे, वे तो पूछेंगे-पहले आधा पेट खाना मिलता था, आज हमें पौन पेट खाना दे रहे हो या नहीं? पहले हमें साल भर एक धोती से गुजारा करना पड़ता था, आपकी वजह से हमें धोती के साथ एक अंगौछा भी मिलने जा रहा है या नहीं? सारांश यह कि वे आपके काम को प्रत्यक्ष देखना चाहेंगे।

सुनते हैं, आप जमींदारों के साथ समझौता करना चाहते हैं। मन्त्रियों में जमींदार ही अधिक हैं, इसके बारे में भी लोग कानाफूसी कर रहे हैं। मेरी समझ में मन्त्रियों पर स्वार्थी होने का लांछन नहीं लगाया जा सकता। लेकिन सम्बन्ध, दोस्ती और हेल-मेल काफी प्रभाव

डालते हैं। लेकिन दुर्भाग्य से तो हमारे यहाँ शादी-सम्बन्ध और जात-पाँत का सम्बन्ध भी इस विषय में बड़ा बुरा असर करता है। जमींदारों को हमें हटा देना है और जितनी जल्दी हो उतनी। उनके साथ हमारे नेता समझौता करना चाहते हैं और वह समझौता निश्चय ही किसानों के नाम से किया जाएगा। किसानों के वोट से ही कांग्रेस ने गवर्नमेन्ट को अपने हाथ में लिया है। किसान ही मन्त्री और मेम्बर बनाने वाले हैं। इसलिए वे जो समझौता करेंगे, उसे किसानों की ओर से समझा जायगा और यह समझौता जमींदार लोग अपने अधिकार के चार्टर के तौर पर पेश करेंगे।

किसानों के लिए सबसे खतरनाक समय इस वक्त आया है, क्योंकि उनकी तरफ से गये प्रतिनिधि कुछ करने का अधिकार रखते हैं। और अब, जब वे कुछ कर देंगे, उनको हटाने के लिए बहुत कठिनाई झेलनी पड़ेगी। उस दिन असेम्बली के उद्घाटन के समय ५० हजार किसानों की भारी भीड़ को देखकर जमींदारों के कलेजे पर साँप लोट जाना तो स्वाभाविक ही था, लेकिन उससे हमारे नेताओं को भी कम अरुचि नहीं हुई। वे कहते हैं-क्या किसानों को हम पर विश्वास नहीं है? क्या हम किसानों के आदमी नहीं है? उसके उत्तर में मैं कहूंगा कि जिन लोगों को भीतर की बातें कुछ अधिक मालूम हैं, वे तो इसी वक्त से चिन्तित और सतर्क हो गये हैं और साधारण जनता को भी यह जानने में देर न लगेगी कि अगर किसान सजग न रहेंगे और अपने अधिकार के लिए बड़ी से बड़ी कुर्बानी करने को तैयार न होंगे, तो धोखा खायेंगे। बड़े- बड़े जमींदार खूब अच्छी तरह जानते हैं कि उनकी श्रेणी के लिए यह जन्म-मरण का सवाल है। उनके पास अगर हथियार होते तो वे खुली लड़ाई लड़ते, लेकिन उसके लिए तो गुंजाइश ही नहीं। एक बड़े प्रभावशाली जमींदार नेता ने तो, चाहे इसे बेवकूफी समझिये, एकाध कांग्रेस मन्त्रियों को रास्ते से हटा देने की राय भी पेश की थी।

सोचिये, कांग्रेसी मन्त्रि मण्डल जो बहुत डर-भय खाकर जमींदारों की आमदनी पर कर बैठाने जा रहा है, उससे जमींदारों को ३०-४० लाख रुपया और देना होगा। हमारे हिसाब से तो उसे दो करोड़ होना चाहिये। तो क्या इतने रुपयों को जमींदार खुशी से जाने देंगे? और इससे भी बढ़कर तो खुद जमींदारी प्रथा के ऊपर ही नंगी तलवार लटक रही है! तो क्या इसके लिए वे चुपचाप रहेंगे? वे अपनी सारी शक्ति लगा रहे हैं। साम, दाम, दंड, भेद सभी सोच रहे हैं। जहाँ रिश्वत देने की जरूरत होगी, वहाँ वे लाखों का तोड़ा खोल देंगे। जहाँ जात- भाई के सवाल से काम चलेगा, वहाँ उसके उपयोग से भी वे बाज नहीं आयेंगे। किसानों, सावधान हो जाओ और आँख खोल कर देखते रहो कि तुम्हारे प्रतिनिधि तुम्हारे विरुद्ध कोई काम न कर सकें।

कांग्रेस पहले अपने प्रतिनिधियों को गवर्नमेन्ट के लोगों की चाय-पार्टी तथा उनसे बहुत हेल-मेल मिलाने के विरुद्ध रही। मैं समझता हूँ कि वही बात अब कांग्रेस को — जिसकी शक्ति किसानों पर निर्भर है—अपने प्रतिनिधियों को जमींदारों से घनिष्ठता पैदा करने से रोकने के लिए बरतना चाहिए नहीं तो इसका बहुत बुरा असर होगा।

किसानों के इस पहले प्रदर्शन से ही ऊपरं के कुछ नेता चिढ़ गये हैं। अभी तो उन्हें इससे बड़े-बड़े प्रदर्शनों के लिए तैयार रहना चाहिये। शायद कल कांग्रेसी मन्त्रि-मण्डल दो-चार बहाने ढूँढ़ कर सलामी-सर्टिफिकेट को भी रखने जा रहा है। जमींदारी प्रथा के उठाने तथा जमीन पर कम से कम जोतने वाले ही का हक दिलाने की बात तो दूर रही, अगर कोई इस तरह की कमजोरी मन्त्रियों ने दिखलाई तो किसान फिर अंधेरे में नहीं रहेंगे। पिछला प्रदर्शन तो एक-ब- एक हुआ था। उसके लिए विशेष संगठन या प्रचार किया गया था। लेकिन अगले जाड़ों की बैठक में सारे प्रांत के किसानों का एक संगठित प्रदर्शन पटना में होना चाहिये। इसके लिये किसान-कार्यकर्ताओं को पहले से तैयारी करनी चाहिये। बिहार प्रान्त के हरेक जिले से नहीं, हरेक थाने से चुने हुए किसानों की टोलियाँ पैदल चलें और उनके ठहरने आदि का स्थान पहले से निश्चित कर दिया जाय। कहाँ पर एक जिले की सारी टोलियाँ इकट्ठी हों, इसे भी पहले से तय कर लिया जाय और फिर सभी किसान कब पटना में एकत्रित होते हैं, इसका भी निश्चय कर लिया जाय। टोलियाँ राह चलते हर जगह किसानों के अधिकार और कर्तव्य का प्रचार करती आवें। साथ ही योग्य नेताओं के अधीन इतने दिनों की यात्रा में उन्हें अनुशासन का पालन करने तथा संगठित होने का भी अच्छा अवसर मिलेगा।

एक लाख किसानों को उस दिन पटना में जमा कर देना कोई मुश्किल न होगा। लेकिन संख्या चाहे जितनी हो, पूर्ण तथा संगठित होनी चाहिये। उनके जुलूस के देखने से ही, जिसमें मालूम हो जाय कि वे किस जिले, किस थाने से आये हैं, इसका भी प्रबन्ध होना चाहिये। किसानों को माँगों को स्पष्ट, सादे-सादे शब्दों में लिखकर हरेक थाने के अधिक से अधिक किसानों के दस्तखत या निशान करवाने चाहिये और ये सारे दस्तखत किये हुए कागज एक सन्दूक में बन्द कर उसे दो किसान अपने कन्धे पर आगे-आगे ले चलें। उस बक्स के सामने कपड़े पर मोटे अक्षरों में कितने किसानों के दस्तखत हैं, उनकी संख्या तथा थाना और जिले का नाम रहना चाहिये जिसमें दर्शक को पूछने की जरूरत न हो।

एक जिले की टोली के इकट्ठा होने पर थाने थाने की टोलियाँ आगे-पीछे चलें और हरेक थाने की टोली के साथ उसके दस्तखतों का बक्स हो। जिले की दस्तखतों की संख्या को जिले के साइन बोर्ड के साथ दिखलाया जाय और उसी तरह किसान-यात्रियों की संख्या को भी। यह सब इसलिए होना चाहिए कि लोग समझ जायँ कि पटना में जितने लोग आए हैं, वे ही किसानों के अधिकार के लिए नहीं तैयार हैं, बल्कि उनके पीछे बहुत भारी जनसंख्या है और यदि उसे रोका न जाता तो प्रदर्शन कई गुना अधिक बड़ा होता।

किसानों और खेतिहर मजदूरों का अधिकार अन्त में आकर एक ही समस्या के दो रूप हैं—- इसमें शक नहीं कि खेतिहर मजदूरों की अवस्था शोचनीय है और उसका हल होना चाहिये। लेकिन हमें खयाल रखना चाहिये कि हम सभी क्रान्तियाँ एक साथ नहीं कर सकते। कोई सभी क्षेत्रों में एक साथ नहीं लड़ सकता। खेतिहर मजदूरों को किसानों से लड़ाने के लिए

जमींदार कोर-कसर बाकी नहीं लगा रहे हैं और जमींदारों को वोट दिलाने के लिए दौड़ने वालों या कांग्रेस का विरोध करने वाले लोगों के दिल में जिस प्रकार खेतिहर मजदूरों के प्रति दया छलछला आई है, उससे तो किसानों और खेतिहर मजदूरों दोनों को सावधान हो जाना चाहिये।

बिहार ने कई बार देश का पथ-प्रदर्शन किया है, इस बार उसके किसान भारत के किसानों को रास्ता दिखायें।

***

८

अछूतों को क्या चाहिए?

अपने को उच्च वर्ग कहने वाले लोग हरिजनों के साथ जो व्यवहार करते हैं, वह किसी भी विदेशी के लिए, जो इस देश में न आ चुका हो, असहय और समझ में नहीं आने लायक है। उन पर धार्मिक अत्याचार की पराकाष्ठा तो तब होती है जब उन्हें कोई ऐसा पेशा, जिसके द्वारा वे अपनी जीविका कर सकें, नहीं करने दिया जाता। पनसारी की दूकान, मिठाई की दूकान और भोजनालय (होटल) खोलने की तो बात ही नहीं, कपड़े और रासायनिक द्रव्यों की दूकान भी वे नहीं खोल सकते। यदि खोलें भी, तो कुछ ही दिनों में उनका दिवाला निकले बिना नहीं रहे। भारत की अधिकांश जनता की जीविका कृषि ही है, किन्तु बहुत कम हरिजनों के पास अपनी जमीन है। जिन थोड़े से हरिजनों के पास कुछ जमीन है भी, वह भी कुछ कट्ठे ही है, सिकमी, भावली प्रथानुसार वे जब चाहें बेदखल किये जा सकते हैं। इस शताब्दी के प्रारम्भ से हमारे कुछ नेताओं ने हरिजनों पर होने वाले अत्याचारों पर विचार करना प्रारम्भ किया है। सच पूछिये तो महात्मा गांधी के उत्थान के पूर्व हमारे इन भाइयों के अभ्युदय के प्रश्न पर गम्भीरता से विचार ही नहीं किया गया था। किन्तु अभी इस विषय में जितना ध्यान दिया जाता है, वह काफी नही हैं। यदि भारतवर्ष के सारे मन्दिर अछूतों के लिए खोल दिये जायँ तो भी वह समस्या हल नहीं हो सकती। भारतवर्ष की सीमा के बाहर उनकी दरिद्रता की उपमा मिल नहीं सकती। किन्तु भारत की सीमा के भीतर भी अछूतों की जो दरिद्रता है, वह अचिन्त्य है। हरिजन—जो अधिकतर खेत मजदूर हैं-गुलामों से अच्छी परिस्थिति में नहीं हैं। थोड़े से रुपये उधार लेकर उन्हें अपना शरीर बेंचना पड़ता है। उनके मालिक, उनकी केवल वे ही आवश्यकताएँ पूरी करते हैं जिनसे वे केवल प्राण धारण कर सकें। पुश्तें बीत जाती हैं, किन्तु वह कर्ज कभी अदा नहीं होता। काम खोजने में उन्हें अपना स्वतन्त्र अधिकार नहीं। निस्सन्देह उनमें से कुछ दूसरे-दूसरे प्रान्तों, बंगाल आदि में, जीविकोपार्जन के लिए चले जाते हैं, किन्तु उनकी कमाई का एक बड़ा अंश उनके मालिकों और गाँव के सूदखोरों को भेंट चढ़ जाता है।

भारतवर्ष के अन्यान्य ग्रामीणों की भाँति, उनको अपने ग्रामों से इतना प्रेम होता है कि अपनी दरिद्र झोपड़ियों का परित्याग करना उनके लिए असम्भव है। सहस्रों वर्षों से गाँव के कुलीन व्यक्तियों और उनके अनुचरों ने ऐसी प्रथा कायम कर रखी है जिनसे हरिजन बच नहीं सकते। राजदण्ड से बचना हरिजनों के लिए सम्भव हो सकता है, किन्तु इन अमानुषिक

प्रथाओं के हथकण्डों से उन्हें छुटकारा नहीं। रहने, सोने, घर के पात्र, वस्त्र या छाता के उपभोग करने में भी बहुत तरह के बन्धन हैं। वे इन प्रथाओं के प्रतिकूल टस से मस नहीं कर सकते। यदि करें तो ग्राम समाज उन्हें दण्ड दिये बिना नहीं छोड़ेंगे। नगरों में उन्हें कुछ स्वतन्त्रता मिलती है, किन्तु ग्राम का वायुमण्डल गलाघोंटू है।

यदि आप हरिजनों के प्रतिदिन के जीवन को ध्यानपूर्वक देखें तो यह समझ सकते हैं कि उनकी वर्तमान अवस्था ही दयनीय नहीं है, बल्कि उनका भविष्य भी बड़ा ही अन्धकारपूर्ण है। अतएव उसमें मौलिक परिवर्तन की आवश्यकता है। आर्थिक स्वतन्त्रता ही सभी स्वतन्त्रताओं की जननी है और उस स्वतन्त्रता की छाया भी इन अभागों से दूर रखी जाती है तो इनके उज्ज्वल भविष्य की आशा हम क्योंकर कर सकते हैं।

उनके लिए मन्दिरों के द्वार खोलने के लिए प्रचार करने में हमें समय नहीं खोना चाहिये। यह काम केवल व्यर्थ ही नहीं, बल्कि खुद हरिजनों के लिए खतरनाक भी है। यह पुरोहितों की चालाकी और धर्मान्धता ही है जो कि उनकी वर्तमान अधोगति का कारण है। इन सरल मनुष्यों को ऐसी सरल सस्ती औषधि न दीजिये। पुजारी, धर्म और मन्दिर को जहन्नुम में जाने दीजिये। अगर आपके सामने अपने देश और अपने लिए कोई सच्चा आदर्श है, तो उनकी आर्थिक विषमताओं का अध्ययन कीजिये और उनको दूर करने की चेष्टा कीजिये। हमारे प्रान्त में ६५ लाख से अधिक हरिजन हैं। उनमें ५ लाख से अधिक किसान के रूप में नहीं भी रह सकते। अब प्रश्न यह है कि बाकी ६० लाख की दशा कैसे सुधारी जाय? हमारे बहुत से जिलों में अधिकांश जमीन खेत हो चुकी है। उदाहरण के लिए, सारन जिले का क्षेत्रफल २६८३ वर्गमील है जिसमें २०५८ वर्गमील अर्थात् १३१७१२० एकड़ में पहले ही से खेती होती है। २०२ वर्गमील अर्थात् १२९२३० एकड़ खेती के लायक नहीं है। केवल १६५ वर्गमील अर्थात् १०५६०० एकड़ जमीन ऐसी है जो खेती करने के लायक है। किन्तु फिर मवेशियों के लिए चारागाह का प्रबन्ध करना होगा। अगर समूची जमीन उनकी २४८६४६८ जनसंख्या में बाँट दी जाय तो आधा एकड़ प्रति मनुष्य पड़ती है तो इतने से तो केवल जीवन-यात्रा भी नहीं चल सकती | अब इस जनसंख्या में २७१००० अछूत हैं। इससे स्पष्ट है कि जब जमीन की बचत नहीं पायी जा सकती जो इन दो लाख से अधिक खेतिहर-मजदूरों में बाँटी जा सके।

(१)
कृषि के लिए भूमि का प्रबन्ध

लेकिन सरकार एक बात कर सकती है। वह उन बड़े-बड़े जमींदारों, जिनकी जीविका खेती नहीं है, की बकाश्त जमीन को लेकर इन हरिजनों में बाँट सकती है। अधिक से अधिक जमीन, एक आदमी को कितनी मिलनी चाहिये, सरकार इसका निश्चय कर दे और अधिक से अधिक हरिजनों के साथ जमीन का बन्दोबस्त कर दे। लेकिन जैसा कि पहले कहा जा चुका

है, बहुत से बड़े-बड़े जिलों में, जैसे सारन, चम्पारन, दरभंगा और मुजफ्फरपुर में कृषि के लायक जितनी जमीन है, वह जोती जा चुकी है। अतएव हरिजनों में वह नहीं बाँटी जा सकती। लेकिन बिहार के और हिस्सों में कुछ ऐसे जिले हो सकते हैं जहाँ खेती के लायक जमीन है। सरकार को ऐसी जमीन का अन्दाज कर लेना चाहिये और उसे हरिजनों में बाँट देना चाहिये। यदि हम शीघ्रता से हरिजनों की दशा सुधारना चाहते हैं तो यह आवश्यक है कि हम उनके साथ उक्त प्रकार का नया बन्दोबस्त करें। इस प्रकार से गाँव के पुराने खयाल वालों की बाधाओं से हम हरिजनों को बचा सकते हैं। इससे उच्च वर्णवालों को बहुत-सी शिक्षाएँ मिलेंगी। राँची, हजारीबाग और पलामू इत्यादि जिलों में, जिनमें घनी आबादी नहीं है, बहुत से खेतिहर मजदूर आसानी से बसाये जा सकते हैं, यदि सरकार इस मामले को गम्भीरता से अपने हाथ में ले। खेती के लिए 'अछूत' बहुत परिश्रमी मजदूर हैं और यदि सहयोग समितियों की सहायता से उनके परिश्रम का सच्चा और ठीक उपयोग किया जाय तो ऐसे प्रबन्ध के लिए जितने धन की आवश्यकता होगी, उसकी पूर्ति होने में देर न लगेगी, क्योंकि परिश्रम ही तो धन है।

(२)
गृह- शिल्प

शहरों और कस्बों में उनके लिए बस्तियाँ बसानी चाहिये। उन लोगों को ऐसे गृह-शिल्पों के उपयोगी तरीके सिखाये जाने चाहिये जिनमें कलें बिना बिजली के या बिजली के द्वारा उपयोग में लायी जा सकती हों। शहरों और कस्बों में आने पर वे गाँवों की संकीर्णता से मुक्त हो जाते हैं और यहाँ जीवन को नये तौर से आरम्भ कर सकते हैं। अगर वे आर्थिक दृष्टि से उन्नत बन जायँ—शिक्षा प्राप्त करें और स्वास्थ्य एवं सफाई का खयाल रखें तो छूत-छात का अस्तित्व बहुत दिनों तक नहीं रह सकता। इन आदर्श बस्तियों में यदि कोई उच्च वर्ण का कुटुम्ब रहना चाहे तो उसको इस शर्त पर रहने देना चाहिये कि वह हरिजनों के साथ बराबरी का व्यवहार रखे और उनके परिश्रम का अनुचित उपयोग न करे।

(३)
सरकारी कल-कारखाने

कांग्रेस ने अपने हाथ में प्रान्त के शासन की बागडोर ले ली है, किन्तु हमारी वर्तमान आवश्यकताएँ इतनी अधिक और साधन इतने कम हैं कि हमारे मन्त्रियों के लिए जनता की भलाई करने की चाह होने पर भी उनकी दशा सुधारना आसान काम न होगा। सरकार की लगभग तिहाई आमदनी आबकारी से होती है। वर्षों से कांग्रेस इस आमदनी के प्रतिकूल प्रचार कर रही थी। इस समूची आमदनी को इस समय त्याग देना व्यावहारिक नीतिज्ञता नहीं समझी

जायेगी। किन्तु यदि वह समूची आमदनी रख ली जाय, तो राष्ट्र के पुनर्निर्माण के लिए वह काफी न होगी। हम लोगों को आमदनी का नया तरीका सोचना चाहिए और यदि कुछ विलासिता की चीजों के निर्माण, उदाहरणार्थ सिगरेट को सरकार के हाथों में दिया जाय तो सरकार की आय बढ़ सकती है। यूरोप के बहुत से देश सिगरेट पर विशेष कर लगाये हुए हैं, लेकिन हम लोगों के लिए जापान का आदर्श सामने रखना चाहिये जहाँ कि सिगरेट बनाने का समूचा व्यापार सरकार के हाथ में है। हम लोगों का प्रान्त भी वही काम कर सकता है। हमारे प्रान्त में तम्बाकू काफी उत्पन्न होती है। सरकार को यह व्यापार अपने हाथ में ले लेना चाहिये। वह पिछड़ी जातियों को ऐसे कारखानों में काम देकर सहायता पहुँचा सकती है। सारांश यह कि भविष्य की औद्योगिक योजना में सरकार हरिजनों को अधिक से अधिक आगे बढ़ने का अवसर प्रदान करे।

***

९

खेतिहर मजदूर

जब से किसान आन्दोलन ने जोर पकड़ा है, तब से जमींदार श्रेणी किसानों की शक्ति को कमजोर करने के बारे में विचार करने के लिए मजबूर हुई है। विशेषकर पिछले चुनाव के बाद जब उन्होंने देख लिया कि हुकूमत उनके हाथ से जा रही है जिनकी नींव किसानों पर है, तब से उन्हें और भी चिन्ता हो गई है। भेद-नीति सबसे जबर्दस्त और आसान नीति है। इसी के आधार पर जमींदारों ने खेतिहर मजदूर आन्दोलन को वैसे ही उठाना चाहा जैसे कि पिछले चुनाव में उन्होंने त्रिवेणी-संघ को सलाह और सबसे बढ़ कर रुपयों से मदद दी थी। वहाँ तो वे नाकामयाब रहे, लेकिन अब उनकी शक्ति भीतर ही भीतर खेतिहर मजदूर दल को खड़ा करने में लग रही है। जमींदारों ने इसके लिए कुछ रुपया खर्च किया और अभी वे खर्च करेंगे। अभी इसी वक्त खेतिहर मजदूर दल की दो पार्टियाँ बन चुकी हैं। मेरा तो उस दिन माथा ठनका था जब मैंने देखा कि जमींदारों से रुपया लेकर चुनाव में उन्हें वोट दिलाने के लिए निकले हुए दो सज्जन अब खेतिहर मजदूर दल का झण्डा उठा रहे हैं। मैं यह नहीं कहता कि खेतिहर मजदूर को कष्ट नहीं है, उनकी शिकायतें झूठी हैं, उनको अपमान का जीवन नहीं बिताना पड़ रहा है, लेकिन हमें देखना होगा कि हमारे कार्य में सफलता कैसे मिलेगी? जमींदार किसानों के ही स्वार्थ के विरोधी नहीं हैं, खेतिहर मजदूरों के लिए भी वे वैसे ही हैं खेतिहर मजदूर अगर मजदूर रहना चाहते हैं तो उनकी वेतन वृद्धि तभी सम्भव है जब किसानों की आमदनी बढ़े। यदि वे किसान बनना चाहते हैं तो देखना होगा कि उनके लिए जमीन कहाँ से आयेगी? जिन किसानों के पास स्वयं दो बीघे, चार बीघे जमीन है, निश्चय ही वह उनके लिए भी पर्याप्त नहीं, फिर वे खेतिहर मजदूरों को क्या देंगे? मैं तो समझता हूँ, किसानों की भी आर्थिक अवस्था सिर्फ जमींदारी हटा देने से पूरी तौर पर नहीं सुधर जायगी। उसके लिए तो खेती में भी नये तरीके, छोटी-छोटी मशीनें और रासायनिक खाद का प्रयोग करना होगा। खेतिहर मजदूरों के लिए यदि वे खेतिहर या किसान बनना चाहते हैं तो उपाय सिर्फ एक ही है कि अब से जितना बकाश्त या जिरात की जमीन जमींदारों से निकले और जितनी खेती के लायक पड़ी हुई जमीन (पर्ती व जंगल) प्रान्त के किसी जिले में—पलामू, राँची, हजारीबाग आदि में मिले तो उसे खेतिहर

मजदूरों के लिए रिजर्व कर दी जाय। मैं समझता हूँ, वे लोग बड़ी भारी गलती 'करेंगे यदि तत्काल जो कुछ हो सकता है, उसे छोड़कर वे किसानों से झगड़ा मोल लेने जायेंगे।

बिहार में खेतिहर मजदूर का जो आन्दोलन चला है, उसके प्रवर्तकों में कुछ 'हरिजनों' के नेता भी शामिल हैं। उन भाइयों से मेरा विनम्र निवेदन है कि खेतिहर मजदूर के नाम से अपना संगठन करके, हरिजन भाई लोग (मैं इस शब्द से बहुत घृणा करता हूँ लेकिन अपने अर्थ को स्पष्ट करने के लिए इसका इस्तेमाल कर रहा हूँ) गलती कर रहे हैं। उनको सीधा-शुद्ध अपना एक संगठन रखना चाहिये, क्योंकि उनकी समस्याएँ इतनी विकट हैं और सामाजिक, धार्मिक और आर्थिक सभी क्षेत्रों में फैली हुई हैं कि यदि वे खेतिहर मजदूर के नाम पर छूत-अछूत सबको जमा करने लगेंगे तो वे हवा हो जायेंगे। जहाँ कहीं कुछ भी पर्ती बकाश्त, जिरात या जंगल की जमीन मिलेगी, वह सभी खेतिहर मजदूरों के लिए यदि दे दी जायगी तो नतीजा यह होगा कि छूत जाति वाले, जिनकी पहुँच आसानी से अधिकारियों तक हो सकती है, उन जगहों को ले लेंगे और हरिजन के पल्ले बहुत कम पड़ेगा। छूत जाति के खेतिहर मजदूरों की अवस्था उतनी हीन और अन्यायपूर्ण नहीं है, जैसे कि अछूत कही जाने वाली जातियों की। छूत जाति वाले पान की दूकान खोल सकते हैं, हलवाई भी बन सकते हैं, होटल भी चला सकते हैं और पचास तरह के और काम कर सकते हैं। प्राइवेट नौकरियों में भी उनको आसानी है, लेकिन वही बात अछूत कही जाने वाली जातियों के लिए नहीं कही जा सकती। सामाजिक अत्याचार जो अछूत कही जाने वाली जातियों पर हो रहा है, उसके कारण उनकी आर्थिक उन्नति के सभी मार्ग बन्द हैं, उनकी सारी शक्ति चाहिये तो थी कि इस ओर लगती जिससे वे अपने को शिक्षा और आर्थिक उन्नति के दूसरे साधनों को प्राप्त कर, अपनी अवस्था को कुछ बेहतर बनाते और साथ ही रास्ते में पड़ने वाली रुकावटों को दूर करते। ऐसे समय में किसानों के अत्याचारों को लेकर झगड़ा पैदा करने में अपनी ही शक्ति निर्बल होगी।

खेतिहर मजदूरों को खयाल करना चाहिये कि उनकी आर्थिक मुक्ति साम्यवाद ही से हो सकती है और जो क्रान्ति आज शुरू हुई है, वह साम्यवाद पर ही ले जाकर रहेगी। उसके सिवा भले दिनों को दिखलाने वाला कोई दूसरा रास्ता नहीं है। सारन और मुजफ्फरपुर जैसे जिलों में आदमी पीछे छै छै, सात-सात कट्ठा खेत पड़ता है। भला, वहाँ इतने से कहाँ इन्सान की जिन्दगी बसर की जा सकती है? जरा-जरा से चार-चार कट्ठे के खेतों में वैज्ञानिक खेती सम्भव ही कहाँ है? हमारी समस्याएँ तो तभी हल होंगी जब जमींदारी हटा दी जाय, खेतों पर भी किसी व्यक्ति का अधिकार न होकर राष्ट्र का अधिकार हो। गाँव के सभी खेतों की मेड़ें हटाकर एक खेत बना दिया जाय और ट्रैक्टर के जरिये खेत जोते जायँ, लोग मिल कर सामूहिक खेती करें और उस खेती में नये आविष्कारों तथा कृषि उपयोगी साधनों को बर्ता जाय। तभी जाकर हम एक बीघे में जापान की तरह सात सौ आठ सौ रुपया की नीज पैदा कर सकेंगे और तभी जाकर यदि एक-दो जिले में सूखा पड़ जाय या बाढ़ आ जाय, तब भी दूसरे जिले की पैदावार

से लोगों को भूखा नहीं मरना पड़ेगा। सूखा और बाढ़ ऐसी चीज नहीं है कि जिससे लोग गृहहीन हो जायँ और अन्न बिना भूखे मरने लगें। बिहार में तीन करोड़ आदमी बसते हैं। इनमें दो करोड़ तो अवश्य मेहनत का काम कर सकते हैं। इतने हाथ यदि मकान और गाँव बसाने के काम के लिए एक महीने के लिए लग जायँ तो क्या अपने घरों को ऊँची जगह बनाकर नहीं रह सकते हैं? मनुष्य का परिश्रम ही तो सब चीज बनाता है, बाकी साधन तो हमारे प्रदेश में सभी मौजूद हैं। और खेती से तो, इस गये-बीते तरीके से करने पर भी, इतना अनाज हमारे यहाँ पैदा हो रहा है जिसे बिहार वाले एक वर्ष से ज्यादा दिन तक खा सकते हैं। एक जगह के लोगों को अनाज बेचने और बाहर निकालने की कठिनाई पड़ रही है और दूसरी जगह लोग भूखों मर रहे हैं। हालाँकि दूसरी जगह लोग अपने परिश्रम को देने के लिए तैयार हैं, फिर क्या वजह है कि एक जगह के आदमी भूखों मरें। साम्यवाद ही हमें बतलायेगा कि हमें दो चार व्यक्ति के घर नहीं रखने हैं हमें सारे तीनों करोड़ व्यक्तियों का एक घर बनाना पड़ेगा और फिर सारे हाथों और दिमागों को उस परिवार की जीविका, भरण-पोषण तथा शिक्षा और सांस्कृतिक उन्नति के लिए लग जाना पड़ेगा।

क्रान्ति के मार्ग में हमें लोगों को किसी तरह का रोड़ा नहीं अटकाना चाहिये और खेतिहर-किसानों को तो यदि कोई आशा है तो क्रान्ति के पूर्णतया सफल होने ही में। उनको यह खयाल रखना चाहिये कि जो साम्यवादी आज किसानों को संगठित कर रहे हैं, उन्हें अपने अधिकारों पर डट जाने के लिए तैयार कर रहे हैं, वे अच्छी तरह जानते हैं कि सिर्फ जमींदारी को हटा देने से काम नहीं चलेगा- आगे चलकर हमें खेती पर भी व्यक्तिगत अधिकार अस्वीकार करना पड़ेगा-अर्थात् किसान, खेतिहर मजदूर सभी उस खेत के मालिक होंगे। सिर्फ खेती से ही तो सारा काम नहीं चल सकेगा, हमें देश में कारखानों और मिलों का प्रसार करना पडेगा और तब कहीं हमारी आर्थिक दरिद्रता दूर होगी। क्रान्ति को आगे बढ़ने दो, बस यही खेतिहर मजदूरों का ध्येय होना चाहिये।

***

१०

रूस में ढाई मास

'मैं कुल साढ़े चार मास स्वदेश से बाहर रहा'—डेढ़ मास रूस जाते समय ईरान में, दो सप्ताह आते समय अफगानिस्तान में ढाई मास सोवियत रूस में। गया था दर्रा बोलन से आया खैबर के दर्रे से। हिन्दुस्तान और रूस की सीमा के भीतर तो रेलवे ट्रेनें मिलीं, ईरान और अफगानिस्तान की सैर मोटर द्वारा हुई, कैस्पियन समुद्र जहाज से। १२ नवम्बर को सोवियत-सीमा में प्रवेश किया, २६ जनवरी को वहाँ से प्रस्थान। इस प्रकार रूस के जाड़े के अनुभव का मौका मिला। सिवाय काकेशश और मध्य एशिया के कुछ भाग के, सभी जगह की भूमि बर्फ से आच्छादित थी। खेत आदि की जुताई सिर्फ उन्हीं भू-भागों में देखी।

सोवियत रूस के बारे में भ्रम तो अभी बहुत समय तक फैलता रहेगा। सारी दुनिया के अखबारों के गला फाड़-फाड़कर असफलता की पुकार करने पर भी संसार में साम्यवाद का प्रभाव इतनी तेजी से बढ़ रहा है कि यदि पूँजीवादी सोवियत देश में साम्यवाद की सफलता का प्रचार करने लगे, तो फिर उसकी क्या गति होगी दीजिये। वक्षु (आमू) नदी सोवियत और अफगानिस्तान की सीमा है। मैंने अफगानिस्तान के भीतर के लोगों को बड़ी गम्भीरता से कहते सुना—"रूसी किसानों के भीतर रोटी का अकाल है।" उनको यह नहीं मालूम कि बीसवीं शताब्दी में रूस में सबसे अच्छी फसल १९१३ में हुई थी। रूस में १९३७ में गेहूँ की फसल १९१३ से ठीक दुगुनी हुई। १९३०-३१ में धनी किसानों की स्वार्थपरता और प्रचार के कारण खेत कम बोये गये थे मवेशी मार डाले गये थे, इसलिए रोटी का अकाल-सा पड़ गया था। उस वक्त कुछ 'कुलक' सोवियत-सीमा से भाग कर अफगानिस्तान में भी चले गये थे। १९३०-३१ की आर्थिक अवस्था से अब जमीन-आसमान का अन्तर है, तो भी इस पार के अफगानों के लिए अभी तक सोवियत-राष्ट्र के लिए 'रोटी का अकाल' चला ही जा रहा है।

लोगों की आर्थिक अवस्था, शिक्षा और संस्कृति का धरातल हर साल, क्या हर महीने ऊँचा होता जा रहा है। हर साल पाँच, दस और १५ फीसदी तक वेतन बढ़ाया जा रहा है और दूसरी ओर जैसे-जैसे चीजों की उपज, फैक्टरियों की वृद्धि और कार्यकर्ताओं की कार्य-कुशलता के अनुसार बढ़ती जा रही है, वैसे ही वैसे चीजों का दाम घटाया जा रहा है। वेतन देना और चीजों का बेचना सरकार के हाथ में है।

पिछले दो वर्षों में खाने-पीने की कितनी ही चीजों की कीमत में पच्चीस-पच्चीस, तीस-तीस फीसदी कमी की गई है। मेरे वहाँ रहते अस्पताल की दाइयों की तनख्वाहों में १५ फीसदी की वृद्धि की गई। इस प्रकार वेतन-वृद्धि और चीजों के मूल्य घटाने से एक ओर लोग जीवन की सुख- सामग्री को अधिक पा रहे हैं, दूसरी ओर वहाँ ५-६ वर्षों से बेकारी एकदम उठ गई है। स्वस्थ रहने पर आदमी के लिए काम हाजिर है। बीमारी या किसी और कारण से काम करने के अयोग्य होने का सारा भार सरकार अपने ऊपर लेती है। इस प्रकार मनुष्य को 'कल की चिन्ता' बिल्कुल नहीं है। इसमें शक नहीं कि इंग्लैंड और अमरीका के मजदूर रूस के बहुत से मजदूरों से इस वक्त अधिक वेतन पाते हैं, लेकिन जहाँ उन देशों के मजदूरों के सर पर हमेशा बेकारी की नंगी तलवार लटकती रहती है, वहाँ सोवियत-श्रमजीवी 'कल के लिए' बिल्कुल निश्चित हैं। साथ ही उनका वेतन भी दिन पर दिन आगे की ही ओर बढ़ रहा है|

जिस नये सोवियत-विधान के अनुसार १२ दिसम्बर को महासोवियत के ११४३ सभासदों (Deputies) का चुनाव हुआ है, उसके महत्व को कम करने के लिए पूँजीवादी देशों ने बड़ी कोशिश की और अब भी कर रहे हैं। कोई कहता है- 'चुनाव क्या है, धोखे की टट्टी है।' कोई कहता है- ' स्तालिन और कम्यूनिस्ट पार्टी ने लोगों को धमकाकर अपने लिए वोट लिया है।' नया विधान कहाँ तक प्रजासत्तात्मक है और कहाँ तक लोगों को वोट देने की स्वतन्त्रता उसमें है, यह निम्न बातों से मालूम हो जायेगा—

(१) १२ दिसम्बर, १९३७ से पहले पुराने जमींदारों, पूँजीपतियों, पुरोहितों कुलकों (धनी किसान) और क्रान्ति-विरोधियों की सन्तानों को वोट देने या उम्मीदवार होने का अधिकार नहीं था। नये विधान ने १८ वर्ष से ऊपर की अवस्था के सभी स्त्री-पुरुषों को वोट का अधिकार दे दिया। धन, विद्या आदि की योग्यता का इसमें कोई खयाल नहीं है।

(२) वोट का पर्चा और लिफाफा हर एक आदमी को गुप्त रूप से निशान करके डालने के लिए मिलता है। वोट देने का ढंग ऐसा रखा गया है कि वोटर ने किसको वोट दिया, सिर्फ वही जान सकता है

(३) जिसे ५१ फीसदी वोट नहीं मिले, वह सभासद नहीं चुना जाता।

(४) नामजद करने का अधिकार ट्रेड यूनियन आदि संस्थाओं अथवा किसी भी सार्वजनिक सभा को दिया गया है। चूँकि सोवियत का कोई व्यक्ति ऐसी सम्पत्ति नहीं रखता जिसकी सहायता से वह चुनाव का प्रचार कर सके, या बड़ी-बड़ी सभाएँ संगठित कर सके। चुनाव के प्रचार का सारा खर्च व्यक्ति के ऊपर न होकर संस्थाओं के ऊपर पड़ता है, इसीलिए नामजद करना भी उन्हीं के हाथ में दिया गया है।

सोवियत चुनाव के नियमों में कोई ऐसी बात नहीं है कि जिससे एक चुनाव- क्षेत्र में दूसरा प्रतिद्वन्द्वी उम्मीदवार न खड़ा किया जा सके। लेकिन कम्यूनिस्ट पार्टी अपनी सेवाओं से वहाँ इतनी सर्वप्रिया पार्टी है कि मुकाबिले में पराजय का निश्चय समझ सामने आ ही कौन सकता

है? केन्द्रीय कौन्सिल के कुछ पुनर्निर्वाचनों में भारतीय कांग्रेस के उम्मीदवारों के सामने कोई उम्मीदवार जैसे खड़ा नहीं हुआ, वैसे ही वहाँ भी प्रतिद्वन्द्वी को खड़ा होने की हिम्मत नहीं होती।

सोवियत और स्तालिन के विरोध में हजारों झूठी बातों का प्रचार करना और साथ ही त्रोत्सकी की सेवाओं और योग्यता के लिए आसमान तक पुल बाँधना पूंजीवादी पत्रों का धर्म-सा हो गया है। त्रोत्सकी की प्रशंसा और साम्यवाद में उसकी निष्ठा को तो ऐसे शब्दों में चित्रित किया जाता है कि मालूम होता है मानो ये पूंजीवादी पत्रकार संसार में साम्यवाद लाने के लिए लालायित से हो रहे हैं। सोवियत साम्यवाद की सफलता का धरती पर एक ठोस साकार रूप है, इसलिए वे उसको लोगों की आँखों से ओझल रखना चाहते हैं। उसकी जगह पर उसके विरोधियों और उनके विरोधी मनोभावों को वे लोगों के सामने लाना चाहते हैं। सोवियत शासन और उसका प्रधान नेता स्तालिन कितना सर्वप्रिय है, यह इसी से मालूम हो सकता है कि पिछले चुनाव में १२ दिसम्बर की सी सर्दी और धरती के षष्ठांश तक विस्तृत देश में कष्ट उठाकर साढ़े ९६ फीसदी वोटरों ने अपना वोट दिया था। पिछले दस वर्षों में अमेरिका, इंग्लैण्ड, फ्रांस, जर्मनी आदि देशों में निर्वाचन हुए हैं, लेकिन कहीं पर ८३ फीसदी से अधिक लोग निर्वाचन-स्थान पर नहीं पहुँचे। स्तालिन के निर्वाचन क्षेत्र के वोटरों में से तो एक भी उस दिन अनुपस्थित नहीं रहा।

स्तालिन की बात को वहाँ शिरोधार्य मानते हैं। काल-मार्क्स साम्यवाद के तत्व का द्रष्टा था, उसने सच्चाई को ऐतिहासिक प्रमाणों, आर्थिक कठिनाइयों और वैज्ञानिक युक्तियों से प्रमाणित कर संसार के श्रमजीवियों के सामने रखा। कितनों के दिमाग ने इस सच्चाई को स्वीकार कर लिया, लेकिन पूंजीवादियों के स्वार्थ और उनकी रक्षा के बड़े-बड़े साधन उस सिद्धान्त के धरती पर आने के रास्ते बाधक थे। लेनिन की विशेषता थी एक सफल साम्यवादी क्रांति को भूतल पर लाना, जिसमें कितनी ही बार उसे पूर्ण असफलता ही मिली थी। खैर, साम्यवादी क्रांति जार के साम्राज्य में हो गई। देशी और विदेशी पूंजीवादियों ने उसे हर तरह दबाने की कोशिश की और वह उसमें विफल हुए, लेकिन तो भी लेनिन के समय उपज के सभी साधनों में से बहुत कम व्यक्तियों के हाथ से निकलकर समाज के हाथ में आये थे। खेती ही नहीं, वाणिज्य-व्यवसाय भी बहुत कुछ व्यक्तियों के हाथ में था जब कि १९२४ ई० के आरम्भ में लेनिन का देहान्त हुआ। शहर से लेकर गाँव तक की जनता को साम्यवादी समाज के रूप में परिणत करना स्तालिन का काम था। यह मार्क्स और लेनिन के काम से कम महत्वपूर्ण नहीं है। जिस वक्त लेनिन की मृत्यु के बाद कल-कारखानों को बढ़ाकर देश के उद्योगीकरण का कार्यक्रम स्तालिन ने सामने रखा, तो एक तरफ बुखारिन आदि नरम दली कहते थे कि जल्दी हो रही है, इसमें सफलता नहीं होगी, देश को भारी नुकसान पहुँचेगा। दूसरी ओर त्रोत्सकी जैसे गरम-दली कहते थे कि बिना सारे संसार में क्रांति हुए साम्यवाद एक मुल्क

में स्थापित नहीं हो सकता। इसलिए हमें अपनी सारी शक्ति रूस को ही साम्यवादी और उद्योगपूर्ण बनाने में न लगाकर अन्तर्राष्ट्रीय क्रान्ति की ओर ज्यादा ध्यान देना चाहिये। स्तालिन ने इन विरोधों के बावज़ूद अपने प्रोग्राम को लोगों के सामने रखा और उसे उसमें सफलता हुई। प्रथम पंचवर्षीय योजना के समय भी दाहिने-बायें पार्टी वाले इसी तरह विरोध करते रहे, लेकिन, सोवियत जनता ने अपनी आँखों से इन योजनाओं द्वारा आशातीत आर्थिक सफलता देखी। स्तालिन के नेतृत्व में रूस के नष्टप्राय उद्योग-धन्धे १९२७ तक महायुद्ध के पहले की अवस्था से आगे बढ़ गये और प्रथम और दूसरी पंचवार्षिक योजनाओं की समाप्ति के बाद तो सोवियत-प्रजातन्त्र यूरोप का सबसे बड़ा उद्योग-धन्धा-परायण देश हो गया। तृतीय पंचवार्षिक योजना द्वारा सोवियत प्रजातन्त्र चाहता है कि अमरीका को भी मातकर उद्योग-धन्धे में वह संसार में प्रथम स्थान ग्रहण कर ले। इन पंचवार्षिक योजनाओं का आरम्भिक वर्षों में लोग मजाक उड़ाया करते थे और अब सफलता के बाद हर देश उनका अनुकरण करना चाहता है। इन योजनाओं द्वारा सोवियत जनता ने अपने भूख और बेकारी के दिनों की जगह पर सुख-समृद्धि के दिन देखे, अविद्या और निरक्षरता की जगह ज्ञान और कला का प्रचार सार्वजनिक होते देखा। अभी दस वर्ष पहले उनकी कैसी हीन दशा थी, यह बहुतेरे सोवियत नागरिकों को भली प्रकार मालूम है। स्तालिन की योजनाओं की यही सफलताएँ हैं जिन्होंने उसे इतना लोकप्रिय बना दिया है। कुछ लोगों के लिए इस लोकप्रियता को समझना मुश्किल है। वह समझते हैं कि महज एक आदमी, जो न ईश्वर की तरफ से भेजा गया है, और जिसमें न वैसे दैवी चमत्कार हैं, भला कैसे इतना जनप्रिय हो सकता है।

जब-तब कितने ही षड्यन्त्रकारियों को सोवियत सरकार ने जो दण्ड दिये हैं, उसे बढ़ा-चढ़ाकर पूंजीवादी पत्रों ने इस प्रकार संसार में फैलाया है कि कितने ही लोग समझते हैं कि सोवियत शासन की नींव बहुत कमज़ोर है, हिंसा और आतंकवाद के सहारे उनका शासन चल रहा है। वोरोशिलोफ, मोलोतोफ, बुदयन्मी ब्लूचर, आदि जैसे क्रान्ति के महानायकों को अब भी वैसी ही लगन से काम करते देखते हुए भी जहाँ दो-चार पुराने क्रांतिकारियों में से अपने अपराध के लिए दण्डित हुए पूंजीवादी पत्रों ने हल्ला करना शुरू कर दिया कि 'लेनिन' के साथी सभी क्रांतिकारी स्तालिन के षड्यंत्र के शिकार हो चुके। सजा पाये लोगों की ओर दृष्टि डालने से मालूम होगा कि उनमें सभी ऐसे बुद्धिजीवी व्यक्ति हैं जिन्हें अपनी महत्वाकांक्षाओं में नाउम्मीद होने के कारण सफल पार्टी और उसके नेताओं के प्रति विद्वेष पैदा हो गया है। शिक्षित बुद्धिजीवी वर्ग चाहे वैसे कितना ही उदार और त्यागी हो, लेकिन उससे स्वार्थ और महत्वाकांक्षा को धक्का लगते ही वह इतना नीचे उतर आता है जितना नीचे अशिक्षित साधारण जन उतरने की हिम्मत नहीं रख सकते। सोवियत प्रजातंत्र में उद्योग-धन्धे बहुत ज्यादा केन्द्रित हो गये हैं और उनमें यन्त्रों का अत्यधिक प्रयोग हुआ, इसलिए एक व्यक्ति असन्तुष्ट होने पर ज्यादा नुकसान कर सकता है।

एक यन्त्र-विशेष को खराब कर वह दो सप्ताह दस कर्मचारियों को बेकार बैठा सकता है। रेल की सूचनाओं में गड़बड़ी कर ट्रेनों को लड़ा सकता गहरी खानों की पम्पों को खराबकर उनमें पानी भरवा सकता है। जिन लोगों को हाल में सोवियत सरकार ने कड़ी-कड़ी सजाएँ दी हैं, उन्होंने यही अपराध किये थे। उनके पीछे जनता की कोई सहानुभूति नहीं, वस्तुतः वे जेलों में पकड़कर बन्द न किये गये होते, तो लोग क्रोधान्ध हो उन्हें अमेरिका के गोरों की तरह 'लेविन' से मार डालते। ऐसे लोगों को सोवियत-शासन और स्तालिन के जुल्म का 'शहीद उद्घोषित करना विदेशी पूँजीवादियों के अपने मतलब की बात है और इस प्रकार सच का झूठ करना तभी तक होता रहेगा जब तक कि सोवियत-शक्ति एक भारी युद्ध में अपनी सबलता को सिद्ध नहीं कर देती और क्या जाने, इसके बाद भी जब तक कि भूमण्डल पर पूँजीवाद का अस्तित्व है, ऐसे झूठे प्रचार भी कभी बन्द होंगे?

***